フランス仕込みのパン

幸せパン職人
大野有里奈

JN038969

この本を手に取っていただき、ありがとうございます。

はじめてフランスに行ったとき、バゲットのあまりのおいしさに感動したことを覚えています。その感動は私のパン作りの原点となっています。フランスに渡ったのは日本の大手製パン会社に勤めて4年ほどたった頃、「パンの本場といわれるフランスのパン作りを見てみたい！」と思ったからでした。単身移り住んだパリでは、覚えたてのフランス語で書いた履歴書をもって、10軒以上のパン屋さんに飛び込みました。そうしてようやく雇ってもらえたパン屋が私のパンの学び舎となりました。フランス人はみな気さくで、個性を表現することを大切にしていました。そしてそれはパン作りにおいてもそうでした。

お店の初出勤日。君は "どんなパンを作りたいんだい？" と、シェフに聞かれ、
当時の私は即答できずありふれたことしか答えられませんでした。

しかし、今の私ならこう即答することができます。

「幸せを与えられるパンを作りたい」

みなさんもどんなパンを作りたいのか考えてみてください。どんな答えも間違いではありません。
その想いをもって、ぜひこの本に掲載されているパンを作ってみてください。

この本では私が日本とフランスのパン屋で学んだ "1つの生地からたくさんのパンを作り出す"
をコンセプトに4つの基本生地を使って52種類のパンをご紹介していきます。
あなたのお気に入りのパンがひとつでも見つかりますように。

幸せパン職人
大野有里奈

フランス修業時代に
住んでいた屋根裏部屋から
毎朝見ていた景色。

CONTENTS

TYPE

1

BAGUETTE

基本の「こねないバゲット生地」

11

TYPE

2

PAIN DE CAMPAGNE

基本の「こねないカンパーニュ生地」

47

TYPE
3

PAIN VIENNOIS

基本の「ヴィエノワ生地」

79

TYPE
4

CROISSANT

基本の「クロワッサン生地」

109

ÉPISODE

STAFF

アートディレクション　　天野美保子

撮影　　　　　　　　　　福尾美雪

スタイリング　　　　　　諸橋昌子

イラスト　　　　　　　　shoji

調理補助　　　　　　　　三好弥生　好美絵美

校正　　　　　　　　　　麦秋アートセンター

フランス語校正　　　　　ぷれす

編集担当　　　　　　　　安井万季子

基本の生地は4種類
同じ配合でいろいろなアレンジパンが焼けます!

初めてでも失敗なし!

| TYPE 1 | & | TYPE 2 |
| こねないバゲット生地 | | こねないカンパーニュ生地 |

こねずに作る生地

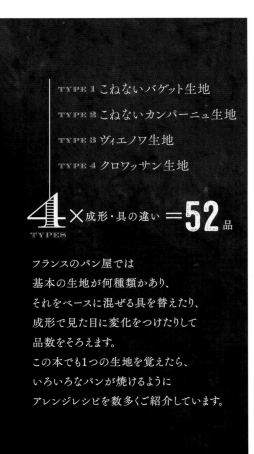

TYPE 1 こねないバゲット生地

TYPE 2 こねないカンパーニュ生地

TYPE 3 ヴィエノワ生地

TYPE 4 クロワッサン生地

4 TYPES × 成形・具の違い = 52 品

フランスのパン屋では
基本の生地が何種類かあり、
それをベースに混ぜる具を替えたり、
成形で見た目に変化をつけたりして
品数をそろえます。
この本でも1つの生地を覚えたら、
いろいろなパンが焼けるように
アレンジレシピを数多くご紹介しています。

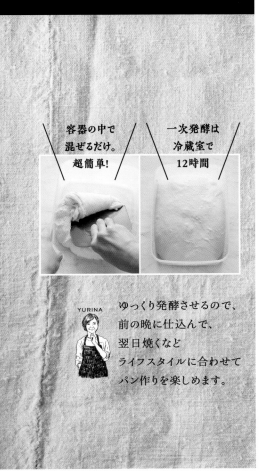

容器の中で
混ぜるだけ。
超簡単!

一次発酵は
冷蔵室で
12時間

YURINA

ゆっくり発酵させるので、
前の晩に仕込んで、
翌日焼くなど
ライフスタイルに合わせて
パン作りを楽しめます。

YURINA

プロの技を 詳細プロセスで丁寧に解説

基本の生地は流れがしっかりつかめるよう、最初から最後までプロセス写真つきで説明しています。大事なコツやアドバイスもピンポイントで解説。

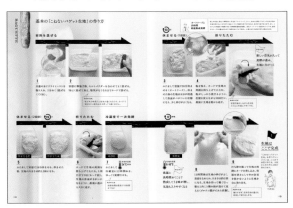

お店みたいな 映えるパンがいっぱい

成形が変わるだけで、まるでお店に並ぶパンみたいに素敵な焼き上がりに。プロのパン職人の技を盛り込んだレシピで、おうちでもフォトジェニックなパンが焼けます。

YURINA

パン作りは
ココが大事
4つのポイント

1. 計量は正しく!

家庭で仕込む生地は少なめのため、少しの分量の差が仕上がりに影響します。作業のはじめに材料をデジタルスケールで正確に計量することがパン作りの基本。途中で慌てずに済むよう、材料を全部そろえてスタート!

イーストは少量のため、0.1g単位で量れるスケールがあると安心です。

2. 生地を触りすぎない

生地を触りすぎると表面が荒れて凸凹になり、焼く時にグルテンの網目からガスが抜けやすく、表面に焼きムラも生じます。生地はやさしく扱い、触りすぎないことが大事です。表面を張らせる時は台の上を数回転がす程度にとどめて。

触りすぎて表面が荒れた状態

おいしいパンを焼くために、気をつけたいことをまとめました。
計量や温度など正確さを大事にしながらも、
イーストは生き物なので、生地の状態から臨機応変な判断も必要に。
何回か作るうちに感覚が身につくようになりますよ。

3. 仕込み水の温度を守る

こね上げた時点の生地温度はとても
重要です。生地の温度に大きく関係
するのが、仕込み水の温度。イース
トの働きだけでなく、その後の工程
にも影響するため仕込み水の温度は
レシピに記載の温度を守りましょう。

4. 発酵時間は状況に応じて判断

レシピの時間は目安です。そのつど
生地の状態を見て判断してください。
室温で発酵させる場合は季節や冷
暖房の使用などでも異なるため（本
書では室温は22〜26℃と想定）、発
酵の進み具合に差が出ることもあり
ます。

パン作りに慣れてくると、
発酵具合もわかるように
なってきますよ。

この本の使い方

・準強力粉は「リスドォル」を使用。
　ほかの商品を使って作る場合は水分量が異なるため、ご自身で調整してください。
・砂糖は特に記載のない限り上白糖を、打ち粉は準強力粉または強力粉を使用してください。
・卵はよく溶きほぐしてから計量してください。
・本書ではインスタントドライイーストを「ドライイースト」と表記しています。
・発酵方法はレシピ内では「室温で●分」「●℃で●分」と表記していますが、
　下記の3つの方法のいずれでも構いません（選ぶ方法によって時間は調整が必要）。
・室温は22〜26℃を想定しています。
・生地の発酵具合は、材料の温度、気温や湿度などの影響も受けるため、
　レシピの発酵時間は目安とし、生地の状態を確認しながら調整してください。
・オーブンの温度・焼き時間は、電気オーブン（東芝石窯ドーム ER-XD7000）を基本にしています。
　メーカーや機種によって差があるため、レシピの温度や焼き時間は目安とし、様子を見ながら加減してください。
・1〜2章のパンは、オーブンのスチーム機能を使用して焼いています。
・電子レンジの加熱時間は出力500Wの場合の目安です。
　600Wの場合は0.8倍の時間を目安にしてください。

YURINA

生地に合わせた
温度管理が大切！

発酵方法は3パターン

室温

ぬれ布巾、またはラップをかけて、室温において発酵させる。季節によって気温差があるため（本書では22〜26℃と想定）、生地の状態を見て時間を調整する。

オーブンの発酵機能

オーブンの発酵機能を使い、30℃に設定して発酵させる（ラップの有無は取扱説明書に従う）。室温発酵のレシピをこの方法で発酵させてもよい（時間は調整が必要）。

湯せん

ボウルに熱湯を張り、生地を入れたボウルをのせ、ぬれ布巾をかぶせる。湯気が上のボウルに入り込まないよう、下のボウルはひと回り小さいものを用意。途中湯が冷めたら熱湯に差し替えて。

熱湯の量は、上のボウルの底がつかない程度に。

TYPE

1

BAGUETTE

基本の「こねないバゲット生地」

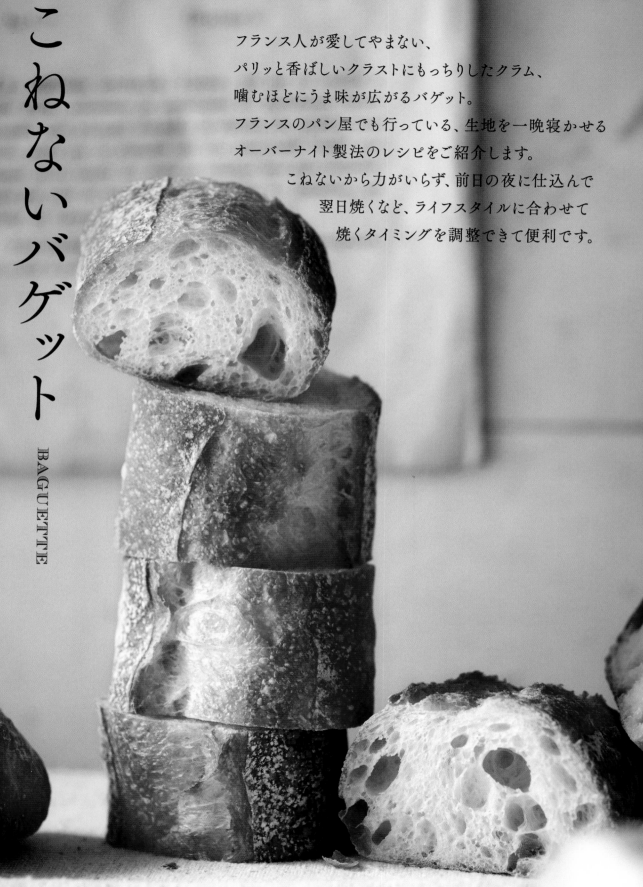

こねないバゲット BAGUETTE

フランス人が愛してやまない、
パリッと香ばしいクラストにもっちりしたクラム、
噛むほどにうま味が広がるバゲット。
フランスのパン屋でも行っている、生地を一晩寝かせる
オーバーナイト製法のレシピをご紹介します。
こねないから力がいらず、前日の夜に仕込んで
翌日焼くなど、ライフスタイルに合わせて
焼くタイミングを調整できて便利です。

12

基本の「こねないバゲット生地」の作り方

材料 （35cm長さ2本分）

		ベイカーズパーセント
準強力粉	300g	100
モルトパウダー	0.9g	0.3
ドライイースト	1.2g	0.4
水	213g	71
塩	6g	2

［その他］
準強力粉（打ち粉・仕上げ用）-- 適量

準備
・容量約3ℓの密閉容器を用意する（ここでは
　17×23×深さ9cmのものを使用）。―A
・水は24℃に調整する。
・取り板を用意する。―B

A

密閉容器を使います

長時間発酵させる間、
生地に力がつかないよう、
ボウルではなく、底が平らで
広い密閉容器がベター。
冷蔵室でも保存しやすい。

B

取り板の作り方

段ボール紙を12×42cmに切り、
新しいストッキング（片足・端はカット）
をかぶせ、両端をそれぞれ結ぶ。
端はテープで裏側にとめても。

これを
使います！

モルトパウダー（P.137）

主にハード系のパンで使用。
イーストの発酵を助け、
焼き色をよくする働きがある。

基本の「こねないバゲット生地」の作り方

材料を混ぜる

1
分量の水にドライイーストを振り入れ、1分おく（混ぜなくてOK）。

2
容器に準強力粉、モルトパウダーを合わせてよく混ぜる。1をよく混ぜて加え、粉気がなくなるまでカードで混ぜる。

ADVICE
粉が水分を吸うと生地が重くなるので、カードで混ぜにくい場合は手を使っても構いません。

休ませる（2回目）  20分

休ませる前 ／ 休ませた後

5
ふたをして室温で20分休ませる。休ませた後、生地の大きさは約1.2倍になる。

折りたたむ

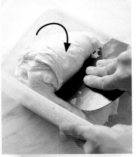

6
カードで生地の周囲を持ち上げてたたむ。1周だけでOK（6〜7回）。生地の表面がきれいになるように、最後に底から大きく返す。

冷蔵室で一次発酵

発酵前

7
生地の温度 **24℃** 前後

ふたをして冷蔵室に12時間おき、ゆっくり発酵させる。

ADVICE
発酵時間は最長で18時間までOK！

20分

オートリーズと
長時間
低温熟成発酵

粉と水を先に混ぜて時間をおく手法を「オートリーズ」といい、休ませる間にグルテンの生成が進み生地の伸びがよくなります。塩はイーストの働きを低下させるため、休ませた後に加えます。また、このパンは冷蔵室で発酵させる「長時間低温熟成発酵」、別名オーバーナイト製法のレシピです。使用するイーストの量は少なめで、時間をおくことで熟成し、小麦本来のうま味や香りが際立ちます。

休ませる（1回目）

折りたたむ

POINT

新しい空気が入って
発酵が進み、
生地に力がつく

3
ふたをして室温で20分休ませる（オートリーズ）。休ませた後の生地は水分が浸透して表面がベタついた状態になり、少し伸びがよくなる。

4
塩を加え、カードで生地の周囲を持ち上げてたたむ。塩がしっかり混ざるように、位置を変えながら30回行い、最後に生地を底から返す。

ADVICE
容器を動かしながら生地をたたむと作業しやすいです。

12時間

発酵後

🌡 生地の温度
6〜10℃

POINT

低温に
長時間おくことで
熟成してうま味が増し、
気泡も入りやすくなる

8
12時間後は生地の伸びがよく、表面もなめらか。大きさは約2倍になる。生地を持って軽く引っ張ると向こう側の指が透けて見える（グルテン膜ができた状態）。

ADVICE
触りすぎず、生地自体の重さも利用して取り出します。

9
打ち粉を振って生地の周囲にカードを差し込み、容器を逆さにして中の空気を抜かないように生地を台に取り出す。

!

生地は
ここで完成

「こねないバゲット生地」を使うアレンジパンは、ここまでは同じ作り方。分割からそれぞれ工程が異なります。

YURINA

「こねないバゲット」の作り方（分割〜焼成）

分割・丸める　　　　　　　ベンチタイム ⟲20分　　成形

10
くっつきやすいので打ち
粉を多めに振り、生地の
厚みを均一に整えながら
広げ、カードで半分に切る。

11
生地を手前から⅓折る。
奥からも⅓折り、生地が
重なった面を下にして
置く。残りも同様にする。

> **ADVICE**
> 中のガスを抜かないよう、生地に
> 触りすぎないようにしましょう。

12
生地にぬれ布巾をかけ
て室温で20分休ませる。

13
台に打ち粉をして生地
を横長に置き、軽く押さ
えてガスを抜く。手前か
ら生地を中心に向けて
折り、重なり部分を指で
軽く押さえる。奥からも
同様にする。

二次発酵　　🌡️室温 22〜26℃ ⟲20分

16
両手で三角形
を作るように
して生地にあて、転がしな
がら表面を張らせる。とじ
目をつまみ、粉を少しまぶ
す。残りの生地も同様に成
形する。

17
パンマット（＊）にとじ目を下にして生地を1
本のせ、ひだを作って仕切って2本目をのせる。
ぬれ布巾をかけて室温で20分発酵させる。大
きさは約1.2倍になる。5分たったらオーブンを
240℃に予熱する。

18
取り板（P.13/B）を使って
生地を天板に間隔をあけて
並べる。

＊パンマットがなければ薄く油を塗った天板にのせる。

14

奥から手前に向けて半分に折りながら、重なり部分を親指のつけ根を使って少し強めに押さえる。

15

生地の両端をやさしく持ち、台に打ちつけながら太さを均等にし、約33cmに伸ばす。

焼成　🌡240℃　🔄26〜28分

19

クープナイフで長い切り込みを1本入れる。深さは約5mmが目安。

20

オーブンに霧吹きで10回ほど霧を吹き、天板を入れて240℃で26〜28分焼く（スチーム機能を使用）。

焼き上がり！

YURINA

焼き上がりは焼き色で判断するほか、裏側をたたいてコンコンと軽い音がすればOK！　POINT

ADVICE
オーバーナイト製法の生地は水分が多くクープを入れにくいので、グッグッと2〜3cmずつ刃を進めて。

17

ダッチブレッド

PAIN HOLLANDAIS

オランダが発祥といわれるパンで、
表面のひび割れた模様が虎の毛皮のように
見えることから、別名はタイガーブレッド。
表面はパリパリで、中にはチーズがたっぷり。
見た目も味もインパクト大です。

→ P.20

明太フランス／ガーリックフランス

バゲットをアレンジ

TARTINADES ET BAGUETTES

スプレッドを塗って
焼くだけでパン屋さんの味！
ピリ辛＆コクうまの明太フランス、
食欲をそそる香りのガーリックフランス。
どちらもお酒とも好相性です。

→ p.21

ダッチブレッド
→ P.18

作り方 基本の「こねないバゲット生地」を作る。
（P.14〜15 手順 **1** 〜 **9** を参照）

材料 （直径10cm 6個分）

	ベイカーズパーセント
準強力粉 ———————— 300g / 100	
モルトパウダー ———— 0.9g / 0.3	
ドライイースト ———— 1.2g / 0.4	
水 ———————————— 213g / 71	
塩 ———————————— 6g / 2	

［その他］
準強力粉（打ち粉用）———— 適量

【フィリング】
　クリームチーズ、ピザ用チーズ
　———————————— 各200g

【上がけ】
　上新粉 ———————————— 75g
　砂糖 ———————————— 8g
　ドライイースト ——————— 3g
　塩 ————————————— 1.5g
　水 ————————————— 90g
　サラダ油 ————————— 10g

準備
P.13「こねないバゲット」と
同様の準備を行う（取り板は不要）。

フィリングと上がけを作る
10
フィリングの材料は混ぜ合わせ、6等分して丸めておく。上がけの材料をボウルに合わせてよく混ぜ合わせ、30分おく。

ADVICE
イーストの発酵によって模様がつくので、上がけは混ぜた後に30分おきます。手順11のベンチタイム中に作業しても。

分割〜ベンチタイム
11
生地をカードで6分割する。端を中心に寄せて軽めに丸め、ぬれ布巾をかけて室温で20分休ませる。

成形
12
軽く押さえてガスを抜き、平らな円形にする。フィリングをのせて生地の端を寄せて包み（A）、とじ目は指でしっかりつまむ。残りも同様に包む。

13
とじ目側を上にして上がけのボウルに入れ（B）、すくい上げるようにして生地の上面から側面にかけて上がけをたっぷりからめる（C）。

二次発酵
14
とじ目を下にして天板に並べ、ぬれ布巾をかけて室温で50分発酵させる。大きさは約1.2倍になる。発酵が終わる15分前にオーブンを240℃に予熱する。

焼成
15
オーブンに霧吹きで10回ほど霧を吹き、天板を入れて240℃で18〜20分焼く（スチーム機能を使用）。

明太フランス／
ガーリックフランス

→ P.19

材料 （20cm長さ各2本分）

バゲット （＊）------------------------- 小4本
【明太スプレッド】
　辛子明太子 ------------------------- 100g
　マヨネーズ ------------------------- 30g
　粉チーズ ------------------------- 10g
【ガーリックスプレッド】
　バター（加塩） ------------------------- 50g
　にんにくのすりおろし ----------- 3g

＊基本の「こねないバゲット生地」（P.14〜15参照）を4分割して焼いたものを使用。手順11で三つ折りにせず、両手を添えて台の上を軽く転がしてなまこ形にする。手順12からは同様（18cmに成形し、焼き時間は18〜20分）。

準備

・バゲットが焼きたての場合は冷ます。
・辛子明太子は皮を除いてほぐす。
・バターは室温にもどす。

作り方
スプレッドを作る

1

明太スプレッド、ガーリックスプレッドの材料をそれぞれ混ぜ合わせる。

スプレッドを塗って焼く

2

バゲットに深い切り込みを入れ、2本は明太スプレッドを切り込みと上面に塗る（A）。残りの2本は同様にガーリックスプレッドを塗る。

A

3

オーブントースターで焼き色がつくまで焼く。ガーリックフランスは好みでパセリのみじん切り（乾燥）を振る。

中にも上面にもたっぷり塗る。
上面は多少塗りムラがあってもOK！

YURINA

粒子のこまかさが違うため、上がけには米粉ではなく必ず上新粉を使ってください。

A

手のくぼみを利用し、生地をフィリングに沿わせて広げ、生地の端を寄せる。

B

焼き上がり時に上になる部分にからめる。焼く時にイーストの働きでふくらみ、ひび割れ模様に。

C

すくい上げるようにしてたっぷりとからめる。ボウルを傾けるとやりやすい。ムラがある場合は指で塗り広げる。

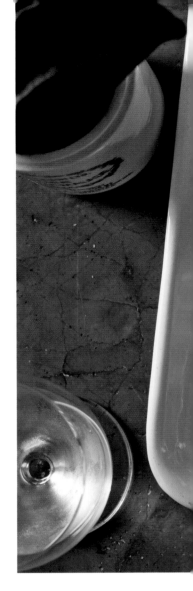

パン・オ・フリュイ

PAIN AUX FRUITS

どこを切ってもフルーツがごろごろの贅沢なパン。
クリームチーズを塗って食べるのもおすすめ。
見た目にも華やかなので、おすそ分けしても喜ばれますよ。

材料 （22cm長さ2個分）

		ベイカーズ パーセント
準強力粉	300g	100
モルトパウダー	0.9g	0.3
ドライイースト	1.2g	0.4
水	213g	71
塩	6g	2

［その他］
準強力粉（打ち粉・仕上げ用） -- 適量
ドライいちじく、
　　　ドライクランベリー ------ 各40g
レーズン -------------------- 20g

準備
・容量約3ℓの密閉容器を用意する。
・水は24℃に調整する。
・いちじくは1～1.5cm大に切る。
・取り板を用意する（p.13/B）。

作り方

基本の「こねないバゲット生地」を作る。
（p.14～15 手順1～9を参照）
＊手順6で生地にいちじく、クランベリー、レーズンを混ぜ込む（A）。
「こねないバゲット」の手順10～14までは同様に作る。

成形
15
両手で三角形を作るようにして生地にあて、転がして
表面を張らせて長さ20cmのなまこ形に整え（B）、と
じ目をつまむ。表面にレーズンが飛び出していると焦
げるので、取り除く。残りの生地も同様に成形する。

二次発酵
16
とじ目を下にしてパンマットにのせ、ぬれ布巾をかけ
て室温で40分発酵させる。大きさは約1.2倍になる。
発酵が終わる15分前にオーブンを240℃に予熱する。

焼成
17
取り板を使って生地を天板にのせ、粉を振っ
てクープナイフで斜めに1cm間隔に切り込み
を入れる。深さは約7mmとやや深めが目安。
オーブンに霧吹きで10回ほど霧を吹き、天板
を入れて240℃で26～28分焼く（スチーム機
能を使用）。

A

水分の少ない具は
一次発酵の前に混ぜる。
生地にまんべんなく混ざるまで
10回ほど生地の周囲を
カードで折りたたむ。

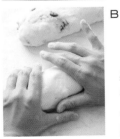

B

奥へ押し出す時は親指の内側を、
手前に押し戻す時は小指の側面を
生地にあてて台の上で転がし、
摩擦を利用して表面を張らせる。

YURINA

クープは深めに！
クープが浅いと
側面が割れる要因になります。

プチフランス2種

オートミール、キヌア

BAGUETTE BOULE

バゲット生地を食べ切りサイズに焼き上げました。
シンプルなパンだからどんな料理にも合います。
お好みでトッピングを替えたり、
なしで焼いても構いません。

材料（直径7cm各3個分）　　　ベイカーズパーセント

準強力粉	300g / 100
モルトパウダー	0.9g / 0.3
ドライイースト	1.2g / 0.4
水	213g / 71
塩	6g / 2

[その他]

準強力粉（打ち粉用）	適量
オートミール	20g
キヌア	40g

準備
・容量約3ℓの密閉容器を用意する。
・水は24℃に調整する。
・オートミールとキヌアはそれぞれバットに入れる。

A

ベンチタイム前の丸める作業は
生地の端を寄せて形を整える程度。
強く丸めすぎると生地に力がついて
しまうのでやさしく扱う。

B

手のひらにのせ、もう一方の
小指の側面ですくい上げるように
生地をすべらせる。
数回行うと表面がなめらかに。

C

生地の表面に吹く霧は
接着剤の役割。
とじ目側を持って
仕上がり面につける。
キヌアの代わりにごまやけしの実でも。

分割〜ベンチタイム

10
生地の厚みを均一にし、カードで6分割する。生地の端を中心に寄せて軽めに丸め（A）、ぬれ布巾をかけて室温で20分休ませる。

成形

11
軽く押さえてガスを抜く。手順10と同様に軽めに丸めて（B）、とじ目を指でつまんでとじる。残りの生地も同様にする。

12
生地の表面に霧吹きで霧を吹き、3個はオートミールをつけ、残りの3個はキヌアをつけ（C）、とじ目を下にして天板に間隔をあけて並べる。

二次発酵

13
ぬれ布巾をかけて室温で50分発酵させる。大きさは約1.2倍になる。発酵が終わる15分前にオーブンを240℃に予熱する。

焼成

14
クープナイフで切り込みを1本入れる。オーブンに霧吹きで10回ほど霧を吹き、天板を入れて240℃で16〜18分焼く（スチーム機能を使用）。

YURINA

二次発酵が短いと
焼く時に割れる
ことがあります。

桜えびのハードパン

PAIN AUX CREVETTES SAKURA

断面は鮮やかなピンク。
ほおばると桜えびの
うま味と香ばしさが
口いっぱいに広がります。
分割せずに大きく焼くから、
もっちり感がより際立ちます。

→ P.28

アリコヴェール

アリコヴェールは
フランス語で
「緑の豆（さやいんげん）」。
日本で最初に働いた店で出合い、
フランスでの修業を経て
自分流にアレンジしたレシピです。

→ P.29

桜えびの ハードパン

→ P.26

作り方 基本の「こねないバゲット生地」を作る。

（P.14~15 手順1～9を参照）

＊手順6で生地に桜えびを混ぜ込む（A）。

「こねないバゲット」の手順10～12までは同様に作る。

＊手順10で生地は分割せず、手順11で二つ折りにする（B）。

材料 （32cm長さ1個分）

		ベイカーズ パーセント
準強力粉	300g	100
モルトパウダー	0.9g	0.3
ドライイースト	1.2g	0.4
水	213g	71
塩	6g	2

［その他］

準強力粉（打ち粉・仕上げ用）-- 適量

桜えび（乾燥）---------------------- 15g

準備

P.13「こねないバゲット」と
同様の準備を行う。

A

桜えびが偏らないよう、
まんべんなく
生地に混ぜ込む。

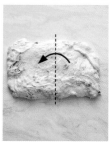

B

生地を触れば触るほど中の
ガスが抜けてしまうので、
ハード系のパンで大きく焼く
場合は、この段階では
半分に折るだけでOK！

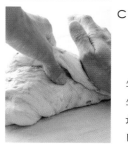

C

生地を折って押さえ、
生地に力をつける。
最後は生地を押し込むように
して半分に折りながら押さえる。

成形

13

P.16～17「こねないバゲット」の手順13～
14を参照して生地を中心に向けて折り、さら
に半分に折って押さえる（C）。

14

両手で三角形を作るようにして生地にあて、
転がして表面を張らせながら長さ30cmのなま
こ形に整え（P.22「パン・オ・フリュイ」の
手順15 / Bを参照）、とじ目をつまむ。

二次発酵

15

とじ目を下にしてパンマットにのせ、ぬれ布巾
をかけて室温で70分発酵させる。大きさは
約1.2倍になる。発酵が終わる15分前にオー
ブンを240℃に予熱する。

焼成

16

取り板を（P.13/B）使って生地を天板にの
せ、粉を振ってクープナイフで長い切り込み
を1本入れる。オーブンに霧吹きで10回ほど
霧を吹き、天板を入れて240℃で28～30分
焼く（スチーム機能を使用）。

YURINA

粉は多めに振って！
上部だけが先に焦げるのを
防いでくれます。

アリコヴェール
→ P.27

作り方 基本の「こねないバゲット生地」を作る。
（P.14～15 手順 1 ~ 9 を参照）

材料 （9×9cm 6個分）

ベイカーズ
パーセント

材料	分量
準強力粉	300g / 100
モルトパウダー	0.9g / 0.3
ドライイースト	1.2g / 0.4
水	213g / 71
塩	6g / 2

[その他]
準強力粉（打ち粉・仕上げ用）-- 適量
うぐいす豆の甘煮 --------------- 100g

準備
・容量約3ℓの密閉容器を用意する。
・水は24℃に調整する。
・うぐいす豆はキッチンペーパーで水気をふき取る。

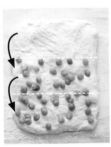

A

うぐいす豆は2回に分け
混ぜ込む。まんべんなく
行き渡らせるために、
奥⅓をあけて豆をのせて
三つ折りにする。

B

三つ折りにするには長さが
必要なので、置き直してから
手で縦方向に広げる。
図の位置に豆をのせ、
1回目と同様に巻き込む。

C

6等分すると、1個が
9×8cmの長方形になる。
この形で二次発酵させて
焼くので、成形は簡単。

三つ折り～ベンチタイム

10
生地の厚みを均一にしながら45×35cmくら
いの縦長の長方形に整える。奥⅓をあけてう
ぐいす豆の½量を均等にのせる（A）。生地
を少し引っ張りながら、奥から手前に三つ折
りにする。

11
向きを90度変えて縦長になるように置き、手
で軽く押さえて縦方向に少し伸ばす（B）。
手順10と同様に奥⅓をあけて残りのうぐいす
豆を均等にのせ、奥から手前に三つ折りにす
る。ぬれ布巾をかけて室温で20分休ませる。

成形

12
手で押さえて18×24cmに広げる。カードで短
い辺を2等分、長い辺を3等分する（C／6
等分）。

二次発酵

13
天板に並べ、ぬれ布巾をかけて室温で40分
発酵させる。発酵が終わる15分前にオーブン
を240℃に予熱する。

焼成

14
粉を振り、クープナイフで斜めに切り込みを
1本入れる。240℃のオーブンで16～18分焼
く（スチーム機能を使用）。

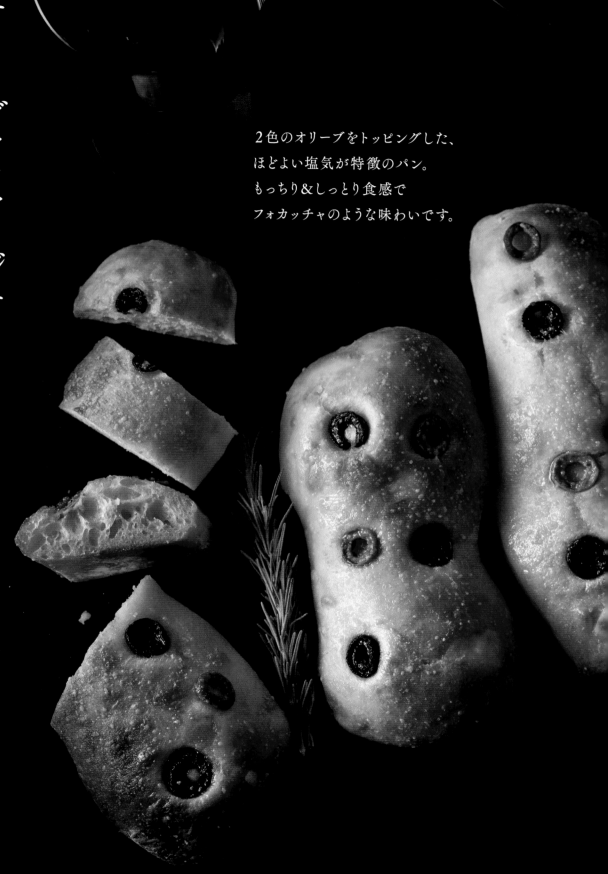

オリーブフロマージュ

FROMAGE ET OLIVES

2色のオリーブをトッピングした、
ほどよい塩気が特徴のパン。
もっちり＆しっとり食感で
フォカッチャのような味わいです。

材料（18cm長さ4個分）　　　　　　　　ベイカーズ パーセント

準強力粉	300g / 100
モルトパウダー	0.9g / 0.3
ドライイースト	1.2g / 0.4
水	213g / 71
塩	6g / 2

［その他］
準強力粉（打ち粉用）、粉チーズ、
　　オリーブ油 ―――――――― 各適量
オリーブ（黒・グリーン／ともに種なし）
　　―――――――――――― 各6個

準備
・容量約3ℓの密閉容器を用意する。
・水は24℃に調整する。
・オリーブはそれぞれ半分に切り、
　　キッチンペーパーで水気をふき取る。

A

正確に16×24cmでなくても
大丈夫。
4つに切り分けた時に
多少ふぞろいでも
焼き上げると味のある形に。

B

オリーブはしっかり押さえて
生地に埋め込む。
軽く押さえる程度だと、
焼く時に生地がふくらんで
オリーブが落ちてしまう。

分 割

10

手で押さえて生地の厚みを均一にしながら16×
24cmくらいの横長の長方形に整え、カードで長
い辺を4分割する（A）。

二 次 発 酵

11

天板に並べ、ぬれ布巾をかけて室温で30分発酵
させる。発酵が終わる15分前にオーブンを240℃
に予熱する。

焼 成

12

生地1つにつき、黒とグリーンのオリーブを3つ
ずつ埋め込む（B）。粉チーズを均等に振って
240℃のオーブンで18〜20分焼く（スチーム機能を
使用）。焼き上がりに表面にはけでオリーブ油を
塗ってつやを出す。

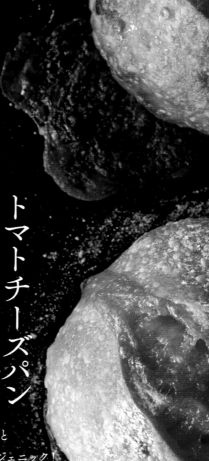

ベジパン3種

3 TYPES DE PAIN AUX LÉGUMES

基本のバゲット生地に
野菜をプラスしたおかずパンをご紹介します。
ほどよいサイズで朝食やおやつにぴったりです。

トマトチーズパン

仕込み水にトマトジュースを使うと
オレンジ色に焼き上がり、フォトジェニック！
かじるとトマトのうま味と香りが広がり、
焦げたチーズのパリパリ部分もたまりません。

→ P.35

コーンハード

コーンの甘味とぷちぷち食感で、
子どもウケ抜群！
おいしさの秘密は、中にバターを包むこと。
コーンの缶汁もムダなく仕込み水に使います。
→ P.34

作り方の流れはコーンハードと同じです。
ほんのり甘い玉ねぎとスパイシーな
こしょうの組み合わせはとまらない
おいしさ。春なら新玉ねぎを使っても。
→ P.35

玉ねぎパン

コーンハード
→ P.33

→ P.33

作り方 基本の「こねないバゲット生地」を作る。
（P.14~15 手順1~9を参照）

＊手順1で仕込み水にコーンの缶汁を使う。

PAIN AUX LÉGUMES／MAÏS

材料
（直径7.5cm×高さ3cmの紙ケース6個分）

	ベイカーズ パーセント

準強力粉 ―――――――― 300g / 100
モルトパウダー ―――――― 0.9g / 0.3
ドライイースト ―――――― 1.2g / 0.4
コーンの缶汁＋水 ――――― 213g / 71
塩 ―――――――――― 6g / 2
[その他]
準強力粉（打ち粉用） ―――― 適量
コーン缶 ――――― 200g（固形量155g）
バター（加塩）
――――― 1cm角を6個（約30g）

準備
・容量約3ℓの密閉容器を用意する。
・コーンはざるに上げ、実と汁に分ける。
　汁に水を足して213gにし、24℃に調整する。
・バターは使う直前まで冷蔵室で冷やしておく。

A

コーンが均一に行き渡るよう、
生地の端ギリギリまでのせる。
折る向きを
間違えないよう注意。

B

6分割すると1つが
約10cm四方の正方形になる
（この後バターを包むと
紙ケースに入るサイズに）。

C

対角線上の角を重ねて
押さえ、残りも同様にする。
バターが流れ出ないよう
しっかりつまんでとじる。

具を混ぜる
10

生地の厚みを均一にしながら50×30cmくらいの
縦長の長方形に整える。奥⅓を残してコーンを
広げ（A）、生地を少し引っ張りながら奥から手
前に向けて三つ折りにする。

成形
11

手で軽く押さえて平らにしながら、20×30cmの
長方形に整える。カードで短い辺を2等分、長い
辺を3等分し（6等分）、バターをのせる（B）。

12

生地の四隅を中心に向けて折って集め（C）、さ
らにとじ目を指でつまむ。とじ目を下にして紙
ケースに入れる。残りの生地も同様に成形する。

二次発酵
13

ぬれ布巾をかけて室温で50分発酵させる。大き
さは約1.2倍になる。発酵が終わる15分前にオー
ブンを240℃に予熱する。

焼成
14

天板に並べ、クープナイフで切り込みを1本入れ
る。オーブンに霧吹きで10回ほど霧を吹き、天板
を入れて240℃で16~18分焼く（スチーム機能を使
用）。

YURINA

焼くと
中のバターが溶けて
コクと風味がアップ！

34

玉ねぎパン

→ P.33

材料
（直径7.5cm×高さ3cmの紙ケース6個分）

	ベイカーズパーセント
準強力粉 ——————	300g / 100
モルトパウダー ——————	0.9g / 0.3
ドライイースト ——————	1.2g / 0.4
水 ——————	213g / 71
塩 ——————	6g / 2

[その他]
準強力粉（打ち粉用）、
　粗びき黒こしょう —————— 各適量
玉ねぎ —————— 150g
バター（加塩）
　—————— 1cm角を6個（約30g）

準備
・容量約3ℓの密閉容器を用意する。
・水は24℃に調整する。
・バターは使う直前まで冷蔵室で冷やしておく。

作り方

基本の「こねないバゲット生地」を作る。
（P.14~15 手順1~9を参照）

具の準備

10

玉ねぎは1cm角に切ってポリ袋に入れ、こしょうをまぶして10分おく。

具を混ぜる

11

P.34「コーンハード」の手順10を参照して玉ねぎを広げて三つ折りにする。

成形～焼成

12

「コーンハード」の手順11~14を参照して成形と二次発酵（室温で50分）を行う。240℃のオーブンで16~18分焼く（スチーム機能を使用）。

トマトチーズパン

→ P.32

材料（直径7cm6個分）

	ベイカーズパーセント
準強力粉 ——————	300g / 100
モルトパウダー ——————	0.9g / 0.3
ドライイースト ——————	1.2g / 0.4
トマトジュース（食塩無添加）–	213g / 71
塩 ——————	6g / 2

[その他]
準強力粉（打ち粉・仕上げ用）– 適量
チェダーチーズ —————— 100g

準備
・容量約3ℓの密閉容器を用意する。
・トマトジュースは24℃に調整する。
・チェダーチーズは1cm角に切る（A）。

作り方

基本の「こねないバゲット生地」を作る。
（P.14~15 手順1~9を参照）

＊手順1で仕込み水にトマトジュースを使い、
手順6で生地にチーズを混ぜ込む。

分割～焼成

10

P.25「プチフランス」の手順10〜13を参照し、生地を6分割して室温で20分休ませ、軽めに丸め直して室温で50分発酵させる。

11

粉を振ってクープナイフで切り込みを1本入れ、240℃のオーブンで16〜18分焼く（スチーム機能を使用）。

A

チーズは小さすぎると
焼いた時に溶けて
塊がなくなってしまうため、
1cm角より小さくしないこと。

タバチュール TABATIÈRE

フランス語で「たばこ入れ」
という意味のパン。
ころんと丸い形がなんとも愛らしく、
薄く伸ばした部分は
パリパリで、中はもっちり。
1個でいろいろな食感が楽しめます。

材料（5個分）

	ベイカーズパーセント
準強力粉	300g / 100
モルトパウダー	0.9g / 0.3
ドライイースト	1.2g / 0.4
水	213g / 71
塩	6g / 2

［その他］
準強力粉（打ち粉・仕上げ用）、
　オリーブ油 ―――――――― 各適量

準備
P.13「こねないバゲット」と
同様の準備を行う（取り板は不要）。

A

なるべく薄く伸ばす（1～2mm厚さ）。
この部分が焼くとパリッとして
食感のアクセントになる。

B

オリーブ油を塗った部分が
焼成時にしっかりと開くので、
丁寧に塗る。

C

生地を少し引っ張りながら
Bの★の部分を持ち上げ、
☆の部分に深めにかぶせる。
浅いと焼く時に生地がずり上がって
形が崩れる要因に。

分割～ベンチタイム

10

生地の厚みを均一にし、カードで5分割する。生地の端を中心に寄せて軽めに丸め、ぬれ布巾をかけて室温で20分休ませる。

成 形

11

軽く押さえてガスを抜く。生地の端を中心に寄せて丸め、とじ目を指でつまんでとじる。

12

打ち粉をしながら生地の⅓を麺棒で薄く伸ばす（A）。伸ばした部分の周囲1.5cmほどにオリーブ油を塗り（B）、端を持ち上げて、生地を覆うようにかぶせる（C）。残りの生地も同様に成形する。

二 次 発 酵

13

天板に並べ、ぬれ布巾をかけて室温で50分発酵させる。大きさは約1.2倍になる。発酵が終わる15分前にオーブンを240℃に予熱する。

焼 成

14

茶こしで粉を振り、クープナイフで葉っぱの模様に切り込みを入れる。中央の1本は5mm深さ、左右の各4本は3mm深さが目安。

15

オーブンに霧吹きで10回ほど霧を吹き、天板を入れて240℃で18～20分焼く（スチーム機能を使用）。

ベーコンフランス

BAGUETTE AU BACON

ぱっくり開いた切り込み部分は
薄くてパリパリ。ベーコンの塩気と
ピリッとした粒マスタードの風味は
ビールやワインのお供にぴったりです。
→ P.40

ベーコンフランス

→ P.38

材料（23cm長さ8個分）

	ベイカーズ パーセント
準強力粉 ------------------------ 200g / 100
モルトパウダー -------------- 0.6g / 0.3
ドライイースト -------------- 0.8g / 0.4
水 ---------------------------------- 142g / 71
塩 ------------------------------------- 4g / 2

［その他］
準強力粉（打ち粉・仕上げ用）、
　粒マスタード、
　粗びき黒こしょう -------- 各適量
ベーコン ---------------------------- 8枚

準備
P.13「こねないバゲット」と
同様の準備を行う（取り板は不要）。

作り方 基本の「こねないバゲット生地」を作る。
（P.14〜15 手順 **1 〜 9** を参照）

分割〜ベンチタイム

10

生地の厚みを均一にし、カードで8分割する。軽く押さえ、台の上を軽く転がしてなまこ形に整える。ぬれ布巾をかけて室温で20分休ませる。

成 形

11

生地を手で押さえて広げ、麺棒で6×22cmに伸ばし、中央に粒マスタードを塗る（A）。ベーコン1枚をのせ（B）、生地の両側を中央に寄せて合わせ、つまんでとじる（C）。残りの生地も同様に成形する。

二 次 発 酵

12

とじ目を下にして天板にのせ、ぬれ布巾をかけて室温で20分発酵させる。5分たったらオーブンを240℃に予熱する。

焼 成

13

クープナイフで長い切り込みを1本入れ（D）、240℃のオーブンで16〜18分焼く（スチーム機能を使用）。焼き上がったらこしょうを振る。

A

粒マスタードは生地の端に
つかないよう中央部に塗り広げる。
粒マスタードの代わりに
ピザ用チーズを一緒に包んでも。

B

生地はベーコンのサイズより
少し大きめに伸ばす。
ベーコンの脂が生地の端に
つくととじにくくなるので、
注意してのせる。

C

端から少しずつ生地を
合わせてベーコンを包む。
焼く時にとじ目が開かな
いよう、しっかりつまむ。

D

切り込みは中のベーコンが
見えるくらい深めに。
切れていない部分があれば、
もう一度刃を入れる。

クーロンヌボルトレーズ

COURONNE BORDELAISE

ユニークな形が印象的なパン。
クーロンヌはフランス語で「王冠」を意味します。
成形はそれほど複雑ではないので、
気軽にチャレンジしてみて。

→ P.42

クーロンヌボルトレーズ

→ P.41

材料（直径22㎝ 1個分）

		ベイカーズパーセント
準強力粉	200g	100
モルトパウダー	0.6g	0.3
ドライイースト	0.8g	0.4
水	142g	71
塩	4g	2

［その他］
準強力粉（打ち粉用）、オリーブ油
　　　　　　　　　　　　　　各適量

準備
P.13「こねないバゲット」と
同様の準備を行う（取り板は不要）。

作り方
基本の「こねないバゲット生地」を作る。（P.14~15 手順1~9を参照）

YURINA'S MEMO

フランスのボルドー地方の
伝統的なパンで、
古くは生地を9等分する
手法のようですが、
ここでは作業のしやすさを考えて、
7分割のレシピをご紹介します。

分割～ベンチタイム

10

生地の厚みを均一にし、カードで7分割する。打ち粉をし、6個は生地の端を中心に寄せて軽めに丸める。残り1個は丸めない。ぬれ布巾をかけて20分休ませる。

成形

11

丸めた生地6個は軽く押さえてガスを抜く。丸め直し、とじ目を指でつまんでとじる。

12

手順10で丸めなかった生地は麺棒で直径18㎝の円形に伸ばす。パンマットにのせ、カードで中央に3本切り目を入れる。

13

12の生地の周囲2㎝ほどにオリーブ油を塗る（A）。手順11の丸めた生地をとじ目を上にして、円形に伸ばした生地から半分ほどはみ出すように並べる（B）。

14

切り目の端を持ち上げ、少し引っ張りながら丸めた生地の中央にかぶせ、指で軽く押さえてとめる（C）。

二次発酵

15

ぬれ布巾をかけ、室温で70分発酵させる。大きさは約1.2倍になる。発酵が終わる15分前にオーブンを240℃に予熱する。

焼成

16

オーブンシートをかぶせてパンマットごと生地の上下を返し（D）、シートごと天板にのせる（E）。オーブンに霧吹きで10回ほど霧を吹き、天板を入れて240℃で20～23分焼く（スチーム機能を使用）。

生地はきれいな円形に
なるように伸ばして。
薄く伸ばすことも大事。
厚いとぼてっとした印象に。

YURINA

A

オリーブ油を塗った部分が
焼く時に開き、
特徴的な形を生み出す。

B

はみ出すように配置するのがコツ。
内側に収めると
上部の生地の面積が広くなり、
焼く時の立ち上がり方にも
影響する。

C

軽く引っ張って丸めた生地に沿わせ
生地の中央にくっつける。
引っ張ることで生地に張りが出て
上部にくる生地がきれいに開く。

D

生地にダメージを与えないように、
オーブンシートをあてて
上下を返し、
手の上に一度着地させる。

E

シートごとそっと天板にのせれば、
生地の中のガスが抜けない。
パンマットは生地を
移動させた後、ゆっくりと外す。

ボルドー地方ではお祝いの時に
このパンを食べるそう。
カマンベールやハムを挟めば、
簡単に映えるサンドイッチに。
ホームパーティーにぴったり。

YURINA

パンマットがない場合は、
トレーにクッキングシートを敷いて
代用してください
（生地をのせて下から手で支えるため
シートだけではやや不安定に）。

塗るだけ & のせるだけ！
スプレッド6種

思い立ったらすぐ作れる簡単レシピ。
パンに塗るだけで軽食、お酒のお供にと、
いろいろなシーンで大活躍します。

＊いずれも作りやすい分量

メープルナッツ

チョコスプレッド

チョコスプレッド

電子レンジで手軽に作れる

材料と作り方
板チョコレート100gを耐熱ボウルに割り入れ、ココアパウダー（無糖）15g、粉糖20g、牛乳100gを加えて混ぜる。ラップをかけて電子レンジ（500W）で3分30秒加熱して混ぜ、粗熱がとれたら冷蔵室で30分冷やす。スライスして軽くトーストしたバゲットに塗ってブルーベリー適量をのせ、粉糖を振る。

メープルナッツ

混ぜるだけなのにハマるおいしさ

材料と作り方
好みのナッツ（アーモンド、くるみ、マカダミアナッツなど／くるみの場合は砕く）100gとメープルシロップ30gを混ぜ合わせ、スライスして軽くトーストしたバゲットにのせる。

フォアグラいちじく

フランス人も大好きな
組み合わせ

材料と作り方
フォアグラのテリーヌ（市販品）適量を
スプーンですくって形を整え、食べや
すく切ったいちじく適量とともに、スライ
スして軽くトーストしたバゲットにのせ
る。岩塩とピンクペッパーを振る。

オイルサーディンとカレー

カレーでサーディンの
臭みをオフ

材料と作り方
オイルサーディン1缶（100g）は缶
汁ごとカレー粉5gとともにフードプロ
セッサーで攪拌する。スライスして軽
くトーストしたバゲットに塗り、ピンク
ペッパーをのせる。

フォアグラいちじく

スモークサーモンのパテ

オイルサーディンとカレー

ツナとアンチョビのリエット風

スモークサーモンのパテ

ほんのりピンクで
華がある

材料と作り方
スモークサーモン100g、クリーム
チーズ50g、生クリーム50㎖、レモン
汁小さじ1、塩、粗びき黒こしょう各
ひとつまみをフードプロセッサーで攪
拌する。スライスして軽くトーストした
バゲットに塗り、ディルをあしらう。

ツナとアンチョビのリエット風

アンチョビが
いい仕事をします

材料と作り方
ツナ缶1缶（オイル漬け・70g）缶汁ご
と、アンチョビ2切れ、室温にもどした
バター（食塩不使用）20gをフードプ
ロセッサーで攪拌する。スライスして
軽くトーストしたバゲットに塗り、粗び
き黒こしょうを振る。

お気に入りの ブーランジェリーで

　私が働いていたフランスのパン屋では、朝食にバゲット、昼食にサンドイッチ、夕食にバゲットと1日に3回買いに来るお客さんも珍しくはありません。そんなお客さんと、朝と昼には「Bonjour!」と言葉を交わし、夕方は「Bonne soirée!」と挨拶をし、一日の終わりには今日がどんな日だったかを報告しあうのが日課でした。まだ知り合いや友人が少なかった頃の私にとって、そんなお客さんとの何気ない挨拶や会話は、ささやかな楽しみとなりました。そんな毎日の会話の中で、自分の常識を覆され、とても印象に残っていることが2つあります。

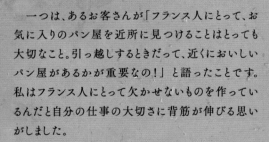

　一つは、あるお客さんが「フランス人にとって、お気に入りのパン屋を近所に見つけることはとっても大切なこと。引っ越しするときだって、近くにおいしいパン屋があるかが重要なの！」と語ったことです。私はフランス人にとって欠かせないものを作っているんだと自分の仕事の大切さに背筋が伸びる思いがしました。

　もう一つは、"フランス人は歯が折れるほどかたいバゲットを食べている"なんてことを耳にしませんか？　実はこれ、本当ではありません。フランスのパン屋ではお客さんの好みに合わせて、しっかりめに焼くバゲットと焼きのあまいバゲットの2種類を用意しています。驚きなのはなんと、8割の人は焼きのあまいバゲットを買っていくこと。理由を尋ねると、フランスは乾燥していて時間が経つとパンがかたくなってしまうからだそうです。

```
  │ 1
  │──────
  │  2
──┼───────
3 │ 4
```

1. 朝の開店と同時に店頭に並ぶパンたち　2. よく焼いたバゲット（左）と焼きのあまいバゲット（右）　3. 毎日会話していた常連のお客さん　4. パンマットに並んだ焼く前のパンたち

　フランスのパン屋でバゲットを注文するときはフランス人風に"Une baguette pas trop cuite s'il vous plaît! (焼きすぎていないものを頂戴)"と言ってみてくださいね。

PAIN DE CAMPAGNE

基本の「こねないカンパーニュ生地」

こねないカンパーニュ

PAIN DE CAMPAGNE

フランス語では「田舎のパン」と呼ばれ、
全粒粉ならではの香ばしさとうま味、
もっちりした食感が楽しめる素朴なパンです。
サンドイッチにしてもおいしいですよ。
P.12「こねないバゲット」と同様、
オーバーナイト製法のレシピなので、
生地の仕込みはラク。カンパーニュは
分割がなく、成形も比較的簡単です。

基本の「こねないカンパーニュ生地」の作り方

材料（直径18cm 1個分）

	ベイカーズパーセント
準強力粉	210g / 70
全粒粉	90g / 30
モルトパウダー	0.9g / 0.3
ドライイースト	1.2g / 0.4
水	210g / 70
塩	6g / 2

[その他]
準強力粉（打ち粉・仕上げ用）— 適量

準備

・容量約3ℓの密閉容器を用意する。
　（ここでは17×23×深さ9cmのものを使用）

・水は24℃に調整する。

・発酵かごの内側に粉を振る。

発酵かごを使います！

直径20×高さ8.5cmのものを使用。

藤で作られたかごで、ハード系のパンを発酵させるために使用する。粉を振って生地を入れて発酵させると、焼き上がりにきれいな縞模様がつく。

基本の「こねないカンパーニュ生地」の作り方

材料を混ぜる

1

分量の水にドライイーストを振り入れ、1分おく（混ぜなくてOK）。

2

容器に準強力粉、全粒粉、モルトパウダーを合わせてよく混ぜる。1をよく混ぜて加え、粉気がなくなるまでカードで混ぜる。

ADVICE
粉が水分を吸うと生地が重くなるので、カードで混ぜにくい場合は手を使っても構いません。

休ませる（2回目）20分　　折りたたむ　　冷蔵室で一次発酵

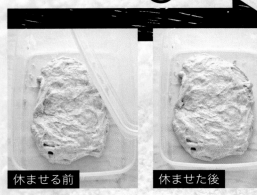

休ませる前　　休ませた後

発酵前

5

ふたをして室温で20分休ませる。休ませた後、生地の大きさは約1.2倍になる。

6

カードで生地の周囲を持ち上げてたたむ。1周だけでOK（6〜7回）。生地の表面がきれいになるように、最後に底から大きく返す。

7

生地の温度
24℃ 前後

ふたをして冷蔵室に12時間おき、ゆっくり発酵させる。

ADVICE
発酵時間は最長で18時間までOK！

オートリーズと
長時間
低温熟成発酵

粉と水を先に混ぜて時間をおく手法を「オートリーズ」といい、休ませる間にグルテンの生成が進み生地の伸びがよくなります。塩はイーストの働きを低下させるため、休ませた後で加えます。また、このパンは冷蔵室で発酵させる「長時間低温熟成発酵」、別名オーバーナイト製法のレシピです。使用するイーストの量は少なめで、時間をおくことで熟成し、小麦本来のうま味や香りが際立ちます。

休ませる（1回目）　　　折りたたむ

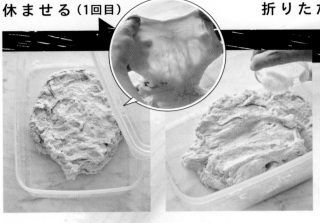

POINT

新しい空気が入って
発酵が進み、
生地に力がつく

3

ふたをして室温で20分休ませる（オートリーズ）。休ませた後の生地は水分が浸透して表面がベタついた状態になり、少し伸びがよくなる。

4

塩を加え、カードで生地の周囲を持ち上げてたたむ。塩がしっかり混ざるように、位置を変えながら30回行い、最後に生地を底から返す。

ADVICE
容器を動かしながら生地をたたむと作業しやすいです。

12 時間

発酵後

生地は
ここで完成

「こねないカンパーニュ生地」を使うアレンジパンは、ここまでは同じ作り方。分割や成形からそれぞれ工程が異なります。

生地の温度
6〜10℃

POINT

低温に
長時間おくことで
熟成してうま味が増し、
気泡も入りやすくなる

8

12時間後は生地の伸びがよく、表面もなめらか。大きさは約2倍になる。生地を持って軽く引っ張ると向こう側の指が透けて見える（グルテン膜ができた状態）。

9

打ち粉を振って生地の周囲にカードを差し込み、容器を逆さにして中の空気を抜かないように生地を台に取り出す。

ADVICE
触りすぎず、生地自体の重さも利用して取り出します。

YURINA

51

「こねないカンパーニュ」の作り方（三つ折り〜焼成）

三つ折り・ベンチタイム ↻20分　成形

10
長い辺を両端から内側にたたみ、三つ折りにする。

ADVICE
触りすぎは厳禁！　中のガスを抜かないよう、ここでは丸めず折るだけ。

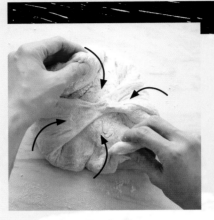

11
ぬれ布巾をかけて室温で20分休ませる。

12-1
打ち粉を多めに振り、生地をごく軽く押さえてガスを抜く。端を中心に向けて折りながら寄せ、円形にする。

ADVICE
きつく寄せすぎると生地に力がつき、焼く時にクープから生地が盛り上がるので、ゆるめに。

焼成

15
発酵かごに天板をかぶせ、かごと天板ごと上下を返す。かごをゆっくり持ち上げ、生地自体の重みで天板に着地させる。

ADVICE
生地に振動を与えると中のガスが抜けてしぼんでしまうので、やさしく扱うこと。

16
クープナイフで切り込みを4本入れる。深さは約5mmが目安。

ADVICE
オーバーナイト製法の生地は水分が多くクープを入れにくいので、グッグッと2〜3cmずつ刃を進めて。

PAIN DE CAMPAGNE

発酵かごの内側に
粉を振っておく。

POINT 二次発酵を長くとることで
生地がゆるみ窯伸びがよくなる

二次発酵

室温 22~26℃　120分

発酵前

発酵後

12-2
とじ目は指でつまんでと
じる。

13
とじ目をつまんで持ち
上げ、粉をふった発酵か
ごに入れる。

発酵かごがない場合は
近いサイズの深めのボウルで代用するか、P.54
「抹茶のカンパーニュ」のように成形して焼いても。

14
ぬれ布巾をかけて室温で120分発酵させる。大き
さは約2倍になる。発酵が終わる15分前にオーブ
ンを240℃に予熱する。

ADVICE
発酵時間が短いと生地がゆるんでいない
ため、横割れの要因になります。

240℃　28~30分

焼き上がり！

17
オーブンに霧吹きで10回ほ
ど霧を吹き、天板を入れて
240℃で28~30分焼く（ス
チーム機能を使用）。

YURINA

焼き上がりは焼き色で
判断するほか、
裏側をたたいてコンコンと
軽い音がすればOK！

POINT

抹茶のカンパーニュ

粉に抹茶を混ぜる簡単アレンジです。
抹茶の香りとほろ苦さがあいまって食事系、
おやつ系どちらにも合います。
バターとあんこをのせると最高！

作り方 基本の「こねないカンパーニュ生地」を作る。
（P.50~51 手順1~9を参照）
＊手順2で粉類と一緒に抹茶パウダーを加える。
仕込み水の分量は変わっているので注意（A）。

材料（28cm長さ1個分）

		ベイカーズパーセント
準強力粉	210g	70
全粒粉	90g	30
モルトパウダー	0.9g	0.3
ドライイースト	1.2g	0.4
水	225g	75
塩	6g	2

［その他］
準強力粉（打ち粉・仕上げ用） -- 適量
抹茶パウダー ---------------- 15g

準備

・容量約3ℓの密閉容器を用意する。
・水は24℃に調整する。
・取り板を用意する（P.13/B）。

A

抹茶パウダーを増やす分、
水分の調整が必要に。
「こねないカンパーニュ生地」の
仕込み水210gに
大さじ1（15g）を足す。

B

パンマットにのせただけでは
生地が広がり高さが出ないので、
まわりに1~2cmゆとりを
持たせて立ち上がりを作る。

C

S字に切り込みを入れる時は
なめらかにスーッと入れる。
途切れさせると
カーブがいびつになる。

三つ折り・ベンチタイム

10

長い辺を両端から内側にたたみ、三つ折りにする。ぬれ布巾をかけて室温で20分休ませる。

成形

11

P.16~17「こねないバゲット」の手順13~14を参照して生地を中心に向けて折り、さらに半分に折って押さえる。

12

両手で三角形を作るようにして生地にあて、軽く転がして長さ27cmのなまこ形に整え、とじ目をつまむ。

二次発酵

13

とじ目を下にしてパンマットにのせ（B）、ぬれ布巾をかけて室温で120分発酵させる。大きさは約1.5倍になる。発酵が終わる15分前にオーブンを240℃に予熱する。

焼成

14

取り板を使って生地を天板にのせ、表面に粉を振り、クープナイフでS字になるように切り込みを入れ（C）、240℃のオーブンで28~30分焼く（スチーム機能を使用）。

YURINA

成形はゆるめに。
きつくすると焼く時に
上部や側面が
裂けてしまいます。

黒ウーロン茶とくるみのバトン

BÂTON AU THÉ OOLONG NOIR ET AUX NOIX

フランスには藁でいぶして
香りをつけるパンがあります。
仕込み水に黒ウーロン茶を使い、
その味に近づけてみました。
くるみの食感がほどよいアクセントに。

→ P.58

マロングラッセのハードパン

PAIN AUX MARRONS GLACÉS

フランス人は栗が好き。
秋になると街頭に焼き栗屋さんが現れます。
マロングラッセもフランスが発祥。
全粒粉入りの素朴な味わいの生地と
甘い栗は相性抜群です。

→ p.59

黒ウーロン茶と
くるみのバトン

→ P.56

作り方 基本の「こねないカンパーニュ生地」を作る。
（P.50~51 手順1~9を参照）
＊手順1で仕込み水に黒ウーロン茶を使う（A）。

材料 （22cm長さ4個分）

		ベイカーズパーセント
準強力粉	210g	70
全粒粉	90g	30
モルトパウダー	0.9g	0.3
ドライイースト	1.2g	0.4
黒ウーロン茶	210g	70
塩	6g	2

［その他］

準強力粉（打ち粉用）	適量	
くるみ	40g	

準備

・容量約3ℓの密閉容器を用意する。
・黒ウーロン茶は24℃に調整する。
・くるみは半分に砕く。

A

生地作りは仕込み水を
黒ウーロン茶に替えるだけで、
流れは基本の
「こねないカンパーニュ生地」と同じ。

B

くるみを混ぜる
このパンに限っては例外。
ねじった時にちら見えするよう、
一次発酵後にくるみを散らす。

C

縦や横に引っ張らず、
両端を持ってねじるだけで
成形は完了。

分割～成形

10

手で生地の厚みを均一にしながら18×40cm
くらいの横長の長方形に整える。左半分にく
るみを散らし、長い辺を二つ折りにする（B）。

11

生地を縦長になるように置き直し、短い辺を
4等分する。両端を持ってねじり（C）、天板
にのせる。残りの生地も同様に成形する。

二次発酵

12

ぬれ布巾をかけて室温で40分発酵させる。
大きさは約1.2倍になる。発酵が終わる15分
前にオーブンを240℃に予熱する。

焼成

13

オーブンに霧吹きで10回ほど霧を吹き、天板
を入れて240℃で18～20分焼く（スチーム機能
を使用）。

マロン グラッセの ハードパン

→ P.57

材料 （9×12cm 3個分）

		ベイカーズ パーセント
準強力粉	210g	70
全粒粉	90g	30
モルトパウダー	0.9g	0.3
ドライイースト	1.2g	0.4
水	210g	70
塩	6g	2

[その他]
準強力粉（打ち粉・仕上げ用） ── 適量
マロングラッセ ──────── 100g

準備

・容量約3ℓの密閉容器を用意する。
・水は24℃に調整する。
・マロングラッセは適当な大きさに割る。

A

マロングラッセは
一次発酵前の生地に混ぜる。
生地を折りたたむうちに
崩れるので、大きさは
バラつきがあっても大丈夫。

B

切るだけで成形は終了。
切りっぱなしの状態で焼くと
微妙に形に差が出て
素朴さのあるパンに。

作り方　基本の「こねないカンパーニュ生地」を作る。
（P.50~51 手順1~9を参照）

＊手順6で生地にマロングラッセを混ぜ込む（A）。

分 割 ～ 成 形

10

手で生地の厚みを均一にしながら18×24cm
くらいの横長の長方形に整え、長い辺を二つ
折りにする。

11

生地を横長になるように置き直し、長い辺を
3等分し（B）、天板にのせる。

二 次 発 酵

12

ぬれ布巾をかけて室温で30分発酵させる。
大きさは約1.2倍になる。発酵が終わる15分
前にオーブンを240℃に予熱する。

焼 成

13

粉を振り、クープナイフで切り込みを斜めに
1本入れる。オーブンに霧吹きで10回ほど霧
を吹き、天板を入れて240℃で18～20分焼く
（スチーム機能を使用）。

パイナップルとピスタチオのパン

ツンツンと角(つの)が立った形がかわいらしいパン。
割るとパイナップルの黄色と
ピスタチオのグリーンがきれい。
トロピカルな甘さでおやつにもおすすめです。

PAIN ANANAS ET PISTACHES

材料 （直径8cm6個分）

		ベイカーズパーセント
準強力粉	210g	70
全粒粉	90g	30
モルトパウダー	0.9g	0.3
ドライイースト	1.2g	0.4
水	210g	70
塩	6g	2

[その他]

準強力粉（打ち粉・仕上げ用）	適量
ドライパイナップル	100g
ピスタチオ	20g

準備

・容量約3ℓの密閉容器を用意する。
・水は24℃に調整する。
・パイナップルは1切れを2〜3つに、
　ピスタチオは1粒を半分に切る（A）。

A

ドライパイナップルは
甘みが強いので、
小さめにカットして混ぜる。
ピスタチオは彩りなので
切るサイズは好みで。

B

はさみで中央に約4cm長さの
切り込みを入れ（①）、
その中心から左右に2cmずつ
切り込みを入れる（②、③）
はさみを入れるのは計3回。

分割〜ベンチタイム

10

生地の厚みを均一にし、カードで6分割する。生地の端を中心に寄せて軽めに丸め、ぬれ布巾をかけて室温で20分休ませる。

ガス抜き・成形

11

軽く押さえてガスを抜く。手順10と同様に軽めに丸め、とじ目を指でつまんでとじる。

二次発酵

12

とじ目を下にして天板に並べ、ぬれ布巾をかけて室温で60分発酵させる。大きさは約1.5倍になる。発酵が終わる15分前にオーブンを240℃に予熱する。

焼成

13

粉を振り、はさみで生地の中心に十字に切り込みを入れる（B）。240℃のオーブンで16〜18分焼く（スチーム機能を使用）。

YURINA

成形ではゆるめに丸めて。
生地を張らせすぎると
焼く時に形が崩れることも。

オリーブのパン

PAIN AUX OLIVES

仕込み水を赤ワインに替えて作る、
ちょっと大人な味わいのパンです。
クープからオリーブがちら見えし、素朴だけれど
おしゃれでお店っぽい仕上がりに。

材料（6個分）

		ベイカーズパーセント
準強力粉	210g	70
全粒粉	90g	30
モルトパウダー	0.9g	0.3
ドライイースト	1.2g	0.4
赤ワイン	210g	70
塩	6g	2

[その他]
準強力粉（打ち粉・仕上げ用）— 適量
黒オリーブ（種なし・輪切り）----- 90g

準備

・容量約3ℓの密閉容器を用意する。
・赤ワインは24℃に調整する。
・オリーブはキッチンペーパーで水気をふき取る。

A

最終的に丸みのある
二等辺三角形になるように包む。
最初に★の部分を
合わせてつまんでとじる。

B

★をとじた状態から
次に☆の部分を
合わせてとじる。
左上の生地がとじた後の状態。

C

最初の1本は中のオリーブが
見えるくらいまで深く入れる。
左右の切り込みは深さ3㎜が目安。

分割〜ベンチタイム

10

生地の厚みを均一にし、カードで6分割する。打ち粉をして生地の端を中心に寄せて軽めに丸め、ぬれ布巾をかけて室温で20分休ませる。

成形

11

生地を軽く押さえてガスを抜き、だ円形にする。オリーブの⅙量をのせ、二等辺三角形になるように生地を寄せてつまんでとじる（A、B）。残りの生地も同様にオリーブを包む。

二次発酵

12

とじ目を下にして天板にのせ、ぬれ布巾をかけて室温で50分発酵させる。大きさは約1.2倍になる。発酵が終わる15分前にオーブンを240℃に予熱する。

焼成

13

茶こしで粉を振り、クープナイフで縦に1本深い切り込みを入れる（C）。左右に斜めに4本ずつ切り込みを入れて葉っぱの模様にする。

14

オーブンに霧吹きで10回ほど霧を吹き、天板を入れて240℃で18〜20分焼く（スチーム機能を使用）。

ドライトマトの
フーガス

混ぜる具をドライトマトと
バジルにチェンジ！
トマトのうま味と酸味で
味に奥行きが出ます。
→ P.65

チェダーチーズの
フーガス

ワインのお供にぴったり！
チーズの塩気と香ばしさに
お酒がとまらなくなるので、
覚悟して焼いてください（笑）。
→ P.66

フーガス**2**種
FOUGASSE

フーガスはプロヴァンス地方のパンで
葉っぱの形がユニーク。広げて焼くので
水分が飛び、クラストはサクッと軽く
中はもっちりして噛みごたえがあります。

簡単アレンジ ▶

ドライトマトの
フーガス
→ P.64

P.66「チェダーチーズのフーガス」と同様に作
るが、手順**6**で1〜1.5cm大に切ったドライトマト
55g、バジル（乾燥）1gを混ぜ込む。それ以外は
すべて同じ。

チェダーチーズの
フーガス

→ P.64

材料 （14×23cm 2個分）

		ベイカーズ パーセント
準強力粉	140g	70
全粒粉	60g	30
モルトパウダー	0.6g	0.3
ドライイースト	0.8g	0.4
水	140g	70
塩	4g	2

［その他］

準強力粉（打ち粉用）	適量	
チェダーチーズ	60g	

準備

・容量約3ℓの密閉容器を用意する。
・水は24℃に調整する。
・チェダーチーズは7mm角に切る。

A

生地はやさしく引っ張り、
丸みのある二等辺三角形にする。
一方の生地は広げる側を
逆にすると、スペースを
有効活用できる。

B

生地は底まで
しっかり切りたいので、
カードよりもナイフが
作業しやすい。

C

切り込みを広げないと
発酵時や焼く時にふくらんで
すき間がなくなってしまう。
生地をやさしく引っ張り
すき間を作る。

作り方　基本の
「こねないカンパーニュ生地」を作る。

（P.50~51 手順1~9を参照）

＊手順6で生地にチェダーチーズを混ぜ込む。

分割～ベンチタイム

10

生地の厚みを均一にし、カードで2分割する。生地の端を中心に寄せて軽めに丸め、ぬれ布巾をかけて室温で20分休ませる。

成形

11

手で軽く押さえてガスを抜き、麺棒で18×10cmのだ円形に伸ばす。天板に霧吹きで霧を吹いて生地をのせ、片側を軽く左右に引っ張って広げる。残りの生地も同様にする（A）。

12

生地の中央にナイフで縦に1本切り込みを入れ、左右に斜めに4本ずつ切り込みを入れる（B）。手で生地を持って引っ張り、切り込みを広げる（C）。

二次発酵

13

ぬれ布巾をかけて室温で20分発酵させる。大きさは約1.2倍になる。5分たったらオーブンを240℃に予熱する。

焼成

14

オーブンに霧吹きで10回ほど霧を吹き、天板を入れて240℃で20~23分焼く（スチーム機能を使用）。

YURINA

だ円形に伸ばす時は
サイズに注意。
天板の上でさらに広げるので
ゆとりが必要です。

黒ごまのカンパーニュ CAMPAGNE AU SÉSAME NOIR

四角く開いたクープから
黒ごまがのぞくこのパンは
焼き上がりの感動が大きく、
差し入れやホームパーティーなどでも
目を惹くこと間違いなし！
→ P.68

黒ごまの
カンパーニュ
→ P.67

作り方 基本の「こねないカンパーニュ生地」を作る。
（P.50~51 手順1~9を参照）

材料（直径13cm3個分）

		ベイカーズ パーセント
準強力粉	210g	70
全粒粉	90g	30
モルトパウダー	0.9g	0.3
ドライイースト	1.2g	0.4
水	210g	70
塩	6g	2

[その他]
準強力粉（打ち粉・仕上げ用）、
　オリーブ油 ------------------ 各適量
いりごま（黒）------------------ 30g

準備
・容量約3ℓの密閉容器を用意する。
・水は24℃に調整する。
・ごまはバットに入れる。

分割～ベンチタイム
10

生地の厚みを均一にし、カードで40gを3つ、130gを3つに分割する（A）。生地の端を中心に寄せて軽めに丸め、ぬれ布巾をかけて室温で20分休ませる。

ガス抜き・成形
11

40gの生地は軽く押さえてガスを抜き、麺棒で直径15cmに伸ばし、周囲2cmを残してオリーブ油を塗る（B）。

12

130gの生地は手順10と同様に軽めに丸め、とじ目をつまんでとじる。とじ目を持って表面に霧吹きで霧を吹き、ごまをつける（B）。

13

12の生地のごまをつけた側を下にして円形に伸ばした生地の中央にのせ、端から生地を集めて包み（C）、とじ目は指でつまんでとじる。

二次発酵
14

とじ目を下にして天板に並べ、ぬれ布巾をかけて室温で60分発酵させる。大きさは約1.5倍になる。発酵が終わる15分前にオーブンを240℃に予熱する。

焼成
15

粉を振り、クープナイフで浅めに十字の切り込みを入れる（D／切る順はP.61「パイナップルとピスタチオのパン」のBの図を参照）。オーブンに霧吹きで10回ほど霧を吹き、天板を入れて240℃で18～20分焼く（スチーム機能を使用）。

A

生地を切り分け、
内側の生地（130g）と
それを包むための生地（40g）の
2種類を3セット用意する。

YURINA

円形に伸ばす際に
中心部を薄くしすぎると
包む時に破けてしまうので
注意して。

B

周囲に油がついていると
生地を包む時にとじにくくなるので、
周囲2cmを残して
図の部分に塗る。

C

端から生地を引っ張って
中心に集め、指でつまんでとじる。
薄く伸ばした生地の
仕上がり面が破れないように
注意する。

D

包んだ生地だけを
切るイメージで、
切り込みは浅く入れる。
焼く時にここが開き、
中のごまの面が見える。

パンの保存方法と おいしい食べ方

せっかくイチから手作りしたパンだから食べ切
れない分は冷凍保存して、ムダなく最後まで楽
しみたいもの。冷凍の仕方と食べる時のコツを
ご紹介します。

冷凍保存のコツ

**乾燥が大敵！
できれば丸ごと保存袋へ**

カットすると断面から水分が飛ぶので、
小さいパンや中程度の大きさのパン
は丸ごと保存袋に入れて冷凍する
のがおすすめです。
カンパーニュや食パンなど
大きめのパンも丸ごと冷凍可。
必要な分ずつリベイクできるよう
にカットして冷凍しても構いません。その
場合はラップで包み、保存袋に入れて冷凍してください。

おいしい食べ方

**焼く前に霧を吹いて
水分を補給する**

バゲットやカンパーニュなどハード系のパンは水分が
少ないので、冷凍室から出して焼くだけ。その際、パ
ンの表面に霧を吹いて水分を補ってからオーブン
トースターへ（丸ごともカットしたパンも同じ）。クロ
ワッサン生地のパンも霧を吹いて焼くとサクサク感が
復活します。
ヴィエノワ生地は冷凍室から出して電子レンジで20
〜30秒（大きさによって調整）加熱し、中心部を少し
解凍します。霧を吹いて焼くのは同様です。

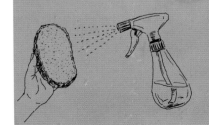

カンパーニュあんパン

CAMPAGNE ANPAN

ハード系の生地とあんこは相性よし。
油脂が入らないから噛むほどに味わい深く、
あんこの風味もより際立ちます。
桜あんやずんだあんなど
中身をアレンジしても。

材料（直径 8 cm 8 個分）

		ベイカーズ パーセント
準強力粉	140g	/ 70
全粒粉	60g	/ 30
モルトパウダー	0.6g	/ 0.3
ドライイースト	0.8g	/ 0.4
水	140g	/ 70
塩	4 g	/ 2

［その他］
準強力粉（打ち粉用）、けしの実
　　　　　　　　　　　各適量
つぶあん ----------------------- 240g

準備
・容量約 3 ℓ の密閉容器を用意する。
・水は 24℃ に調整する。
・つぶあんは 8 等分して丸める。
・けしの実は小さな容器に入れる。

A

生地の端にあんがつくと、
生地どうしが
くっつかなくなるので、
注意しながら包む。

B

麺棒で生地に押しあてる
だけでけしの実がつく。
強すぎると形が崩れる
要因になるので軽くでOK。

分割～ベンチタイム

10

生地の厚みを均一にし、カードで 8 分割する。生地の端を中心に寄せて軽めに丸め、ぬれ布巾をかけて室温で 20 分休ませる。

ガス抜き・成形

11

軽く押さえてガスを抜き、麺棒で直径 6 cm に伸ばす。つぶあんをのせて、手のくぼみを利用してへらなどであんを押さえながら、生地の端を中央に集めて包み（A）、とじ目をしっかりつまむ。残りの生地も同様に包む。

二次発酵

12

とじ目を下にして天板に並べ、ぬれ布巾をかけて室温で 60 分発酵させる。大きさは約 1.5 倍になる。発酵が終わる 15 分前にオーブンを 240℃ に予熱する。

焼成

13

麺棒の端を水でぬらしてけしの実をつけ（B）、生地の表面に軽く押しつけ、けしの実をあしらう。240℃ のオーブンで 12～14 分焼く（スチーム機能を使用）。

YURINA

二次発酵が短いと
焼く時に生地が破れて、
中身が出てしまうことも。
しっかり時間をとって。

71

クランベリーナッツのカンパーニュ CAMPAGNE AUX NOIX ET CRANBERRIES

甘酸っぱいクランベリーと
ごろっと大粒のマカダミアナッツ入り。
具の混ぜ込みは簡単、成形も
切りっぱなしだから、パン作り
初心者向きのお手軽パンです。

材料（6個分）

	ベイカーズパーセント
準強力粉 ----------------- 210g	70
全粒粉 ----------------- 90g	30
モルトパウダー ----------------- 0.9g	0.3
ドライイースト ----------------- 1.2g	0.4
水 ----------------- 210g	70
塩 ----------------- 6g	2

［その他］
準強力粉（打ち粉・仕上げ用）－ 適量
ドライクランベリー、
　マカダミアナッツ --------- 各50g
ラム酒 ------------- 30g

準備
・容量約3ℓの密閉容器を用意する。
・水は24℃に調整する。
・クランベリーはラム酒をからめて一晩（約8時間）おき、
　使う前にキッチンペーパーで水気をふき取る。

A

このあと半分に折って
6等分することを考慮して、
ナッツとクランベリーが
偏らないようにのせる。

B

短い辺を半分に切り、
さらに3等分する。
切る前にカードで筋目をつけて
均等かを確認して切ると安心。

分割～成形

10

手で生地の厚みを均一にしながら28×18cmくらいの縦長の長方形に整える。手前半分にクランベリーとマカダミアナッツを均一にのせ（A）、生地を少し引っ張りながら長い辺を二つ折りにする。

11

三角形になるように6等分する（B）。

二次発酵

12

天板に並べ、ぬれ布巾をかけて室温で40分発酵させる。大きさは約1.2倍になる。発酵が終わる15分前にオーブンを240℃に予熱する。

焼成

13

粉を振り、クープナイフで切り込みを1本入れる。240℃のオーブンで16～18分焼く（スチーム機能を使用）。

フランスのカフェ気分！
パンを楽しむとっておきレシピ

サンドイッチやサラダのほか、
少し時間がたったパンの利用法まで、
パンをおいしく食べ切るアイディアレシピをご紹介します。

パンサラダ

パンが食感と風味の
アクセントに

材料（2人分）と作り方

1 好みの葉野菜（ルッコラ、水菜、フリルレタスなど）50〜70gは食べやすくちぎる。トマト½個は一口大に切る。ベーコン50gは細切りにしてフライパンでカリッと焼く。

2 バゲット適量は7〜8mm厚さにスライスし、食べやすい大きさに切る。断面に、ガーリックバター（下記）適量を塗ってオーブントースターで焼く。

3 粒マスタード小さじ1〜2、塩、こしょう各少々、バルサミコ酢大さじ1、オリーブ油大さじ2をよく混ぜ合わせる。

4 ボウルに**1**、**2**、ちぎったモッツァレラチーズ40gを合わせ、**3**を加えてあえる。

ガーリックバターの作り方
（作りやすい分量）

室温にもどしたバター（食塩不使用）30gににんにくのすりおろし少々を加えて混ぜる。

モッツァレラと生ハム

ツナマヨエッグ

バゲットサンド2種

手早く作れるので、フランス時代の仕事中の昼食はバゲットサンド。思い出の味2品をご紹介します。具の量は好みで調整してください。

モッツァレラと生ハム

フランスでは
定番のコンビ

材料と作り方
バゲット（*）に切り込みを入れ、食べやすく切った生ハム、ちぎったモッツァレラ、ざく切りにした水菜をはさむ。

ツナマヨエッグ

ツナマヨはカレー
風味にしても美味

材料と作り方
ツナ缶1缶（オイル漬け・70g）は缶汁をきってマヨネーズ大さじ1を加えて混ぜ、ツナマヨを作る。バゲット（*）に切り込みを入れ、ツナマヨ、輪切りにしたゆで卵、半月切りにしたトマト、ちぎったフリルレタスをはさむ。

オニオングラタンスープ

あめ色玉ねぎは
レンジ加熱で時短

材料（2人分）と作り方
1 玉ねぎ1個は薄切りにし、電子レンジ（500W）で4分加熱する。鍋にバター（食塩不使用）10gを溶かして玉ねぎをあめ色になるまで弱火で炒める。

2 水400㎖、洋風スープの素（コンソメ）小さじ2½を加えて煮立て、塩、こしょうで味をととのえる。

3 バゲット（*）1本は5㎝長さに切ってピザ用チーズ20gを等分にのせ、オーブントースターで軽く焼き色がつくまで焼く。

4 器に2を注いで3をのせ、あればパセリのみじん切りを振る。

＊基本の「こねないバゲット生地」を4分割して焼いたもの（P.21「明太フランス／ガーリックフランス」と同じ）を使用。

フランスのカフェ気分！
パンを楽しむとっておきレシピ

タルティーヌ**2**種

いろいろな具材をのせて楽しむオープンサンドです。
お酒にも合うのでホームパーティーの前菜にも。

サーモンリコッタチーズ

リコッタの代わりに
クリームチーズでも

材料（2個分）と作り方

1 1cm厚さにスライスした
カンパーニュ2枚にリコッタ
チーズ40gを等分に塗る。

2 1にスモークサーモンを4
枚ずつのせ、ディルを飾る。

しらすガーリックバター

にんにくの香りが
食欲をそそる

材料（2個分）と作り方

1 バゲット½本は1cm厚さに切り、断面にガー
リックバター（P.74）適量を塗り、オーブン
トースターでこんがりするまで焼く。

2 しらす干し6gを等分してのせ、パセリの
みじん切りをあしらい、オリーブ油適量を回し
かける。

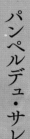

パンペルデュ2種

パンペルデュはフランス語で「失われたパン」という意味。少しかたくなったバゲットがおいしく復活する料理です。

基本のパンペルデュ

日本でもおなじみの
甘いフレンチトースト

材料（2人分）と作り方

1 アパレイユの材料（卵2個、牛乳180㎖、砂糖20g、バニラエッセンス2〜3滴）を混ぜ合わせてバットに入れる。斜め5cm厚さに切ったバゲット4切れはアパレイユに片面3分ずつ浸す。

2 フライパンにバター（食塩不使用）5gを溶かし、グラニュー糖大さじ1を全体に振る。1を並べてふたをし、両面を5分ずつ焼く。

3 器に盛り、メープルシロップ適量をかけてシナモンパウダー適量を振る。好みで泡立てた生クリームを添えても。

パンペルデュ・サレ

ブランチ向きの
甘くないバージョン

材料（2人分）と作り方

1 アパレイユの材料（卵2個、牛乳180㎖）を混ぜ合わせてバットに入れる。斜め5cm厚さに切ったバゲット4切れはアパレイユに片面3分ずつ浸す。

2 フライパンにバター（食塩不使用）5gを溶かし、1を並べてふたをし、両面を5分ずつ焼く。

3 器に盛り、粉チーズ10gを振り、パセリのみじん切りを散らす。好みで生野菜、焼いたベーコン、ポーチドエッグや目玉焼きなどをのせても。

フランス人の 働き方から学んだこと

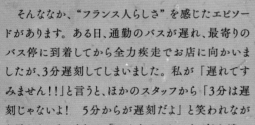

　私が働いていたパン屋の仲間たちは、"あくまで仕事はプライベートを充実させるためのもの！　仕事が終わってからが生活のメイン"という考え方でした。勤務時間が終わったらすぐに帰るのが当たり前。1日の規定である7時間より長く働くことは滅多にありませんでした。日本人の私がその考え方になじむのには時間が少しかかりましたが、仕事が終わってからパリの街をゆっくり散歩したり、友人とお酒を飲んだり、旅行に出かけたりと、充実した毎日を送れるようになり、仕事をもっと頑張ろうと思えるようになりました。

　そんななか、"フランス人らしさ"を感じたエピソードがあります。ある日、通勤のバスが遅れ、最寄りのバス停に到着してから全力疾走でお店に向かいましたが、3分遅刻してしまいました。私が「遅れてすみません！！」と言うと、ほかのスタッフから「3分は遅刻じゃないよ！　5分からが遅刻だよ」と笑われながら言われ、そのときは「みんなやさしいな。気を遣ってくれたんだな」と思っていましたが、後から聞いた話だと、フランスでは当たり前のことでした（笑）。ほかにも、仕事中でもお気に入りの音楽を大音量でかけたり、好きなアニメの話をしたりしながら作業するのは当たり前。話が長すぎて、店長に怒られてしまうなんてこともよくありました。私はそんな"フランス人らしさ"が大好きでした。いつでも楽しむことを忘れないフランス人の働き方は、私の心に刻まれ、帰国後も私に大きな影響を与えてくれました。

1	
2	
3	4

1. 当時暮らしていた屋根裏部屋からの景色　2. フランスでは一般的なオーバーナイト製法の様子　3. 最終出勤日の終わりに、お店の仲間に残したメッセージ【みんなありがとう！】4. 共に働いた仲間

3

PAIN VIENNOIS

基本の「ヴィエノワ生地」

ヴィエノワスティックパン

PAIN VIENNOIS

外はさっくりと歯切れよく中はふんわり、
卵とバター入りの風味豊かなパンです。
フランスでは甘いパンを総称して
「ヴィエノワズリー」と呼び、
パン屋ではこの生地をベースに
いろいろな菓子パンを焼きます。
手ごねなので少し力はいりますが、
覚えるとパン作りの楽しみが広がります。

基本の「ヴィエノワ生地」の作り方

材料（17cm長さ6個分）

		ベイカーズ パーセント
準強力粉	200g	100
砂糖	20g	10
塩	3g	1.5
卵	28g	14
ドライイースト	2.4g	1.2
牛乳	98g	49
バター（食塩不使用用）	20g	10

[その他]
準強力粉（打ち粉用）、卵（仕上げ用）
　　　　　　　　　　　　　　各適量

準 備
・バターは室温にもどす。
・牛乳は電子レンジで加熱し、30℃に調整する。
・天板にオーブンシートを敷く。

基本の「ヴィエノワ生地」の作り方

材料を混ぜる

1

牛乳にドライイーストを振り入れ、1分おく（混ぜなくてOK）。

2

ボウルに準強力粉、砂糖、塩、卵を合わせ、1をよく混ぜて加え、粉気がなくなるまで手でしっかり混ぜ合わせる。

まとまったら台へ！

こねる

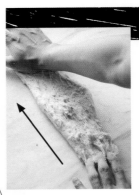

3

生地を台に取り出し、100回程度こねる。

ADVICE
最初は手にくっつきますが、こねるうちにだんだんとまとまってきます。

一次発酵（1回目） 30℃ 60分

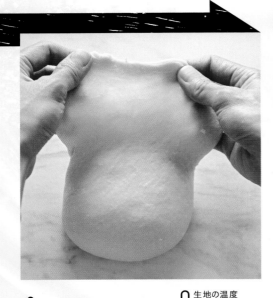

発酵前　発酵後

7

生地をボウルに戻してぬれ布巾をかけ、30℃で60分発酵させる。大きさは約2倍になる。

ADVICE
一次発酵を2回行うのは、途中でガスを抜いて新しい空気を送り込み、イーストの働きを活発にするためです。

6

こね上がりの目安は、生地を持って軽く引っ張ると向こう側の指が透けて見える状態（グルテン膜ができている）。

生地の温度
27〜28℃ 前後

 POINT 手ごねの生地はグルテン膜のチェックが重要！

POINT

たたきつけると
グルテンが強くなり、
しっかりふくらむ生地に

バターを練り込む

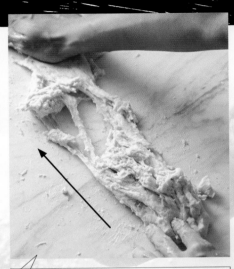

4
生地をひとまとめにして持ち上げ、台に軽くたたきつける。これを10回行う。

5
生地を手で押さえて広げ、カードでバターを1〜2cm大に切ってのせる。生地で包み込むようにして、なじむまでこねる。4と同様に生地を台に10回たたきつける。

ADVICE
生地からバターが飛び出しても気にせずこね続けて。最初は生地がちぎれますが、だんだんと生地がつながってきます。

ガス抜き

一次発酵（2回目）

🌡30℃ 🔄30分

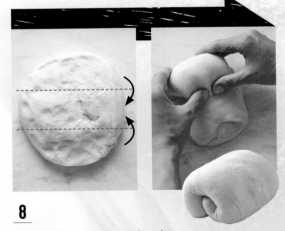

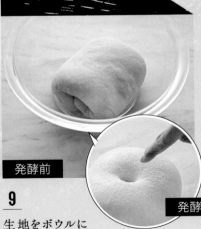

発酵前

発酵後

8
生地を台に取り出して軽く押さえてガスを抜く。奥と手前から⅓ずつ折って軽く押さえ、90度回転させ、奥から手前に巻く。

巻きは
軽めに

POINT

巻くことで、
発酵中に生地に力がつく

9
生地をボウルに戻してぬれ布巾をかけ、30℃で30分発酵させる。発酵具合は指を差し込んで抜き、穴がふさがらなければ、発酵完了（フィンガーテスト）。

!

**生地は
ここで完成**

「ヴィエノワ生地」を使うアレンジパンは、ここまでは同じ作り方。分割からそれぞれ工程が異なります。

生地の温度
🌡28℃

YURINA

ADVICE
見た目の大きさよりフィンガーテストが重要。穴がふさがる場合は、さらに時間をおきます。

「ヴィエノワスティックパン」の作り方（分割～焼成）

分割・ベンチタイム 20分

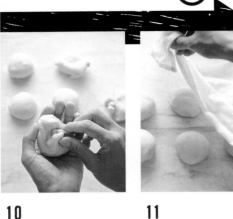

10
打ち粉をした台に取り出し、手で軽く押さえて厚みを均一にし、カードで6分割する。生地の端を中心に寄せて軽めに丸め、とじ目を指でつまむ。

11
とじ目を下にして置き、ぬれ布巾をかけ、室温で20分休ませる。

ADVICE
スケールで量りながら均等に分割しましょう。

成形

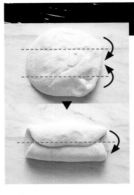

12
打ち粉をし、生地を手で押さえてガスを抜き、円形にする。奥と手前から1/3ずつ中心に向けて折り、軽く押さえる。

13
さらに半分に折り、重なり部分を指で軽く押さえる。

二次発酵 🌡30℃ 50～60分

焼成

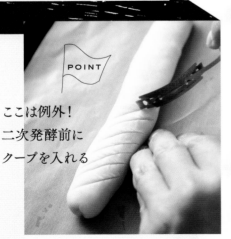

POINT

ここは例外！
二次発酵前に
クープを入れる

15
生地をとじ目を下にして天板に間隔をあけて並べ、クープナイフで斜めに5～6mm間隔に切り込みを入れる。深さは5mmが目安。

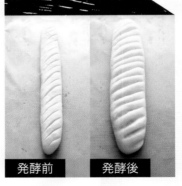

発酵前　発酵後

16
30℃で50～60分発酵させる。大きさは約2倍になる。発酵が終わる15分前にオーブンを230℃に予熱する。

ADVICE
ほかのパンでは二次発酵後に入れますが、クープをくっきり出したいので、二次発酵前に入れます。

17
焼いた時に照りを出すために、生地の表面にはけで卵を塗る。

ADVICE
クープの間に卵が入ると開きにくくなるので、はけは一方向に動かして（往復させない）。

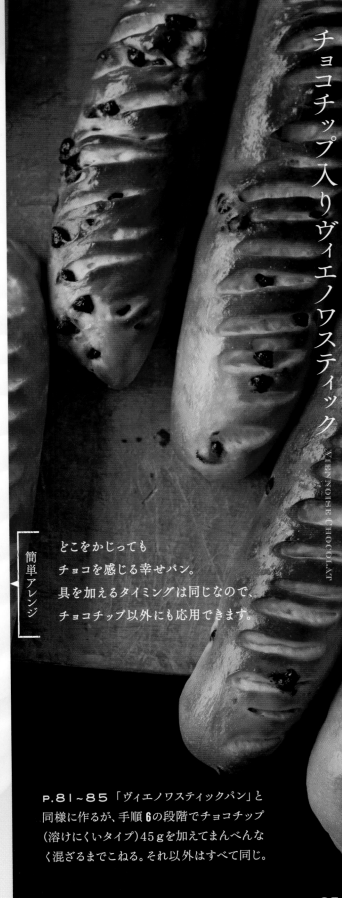

台を転がして
摩擦で表面を張らせる

14

両手で三角形を作るようにして生地に
あて、転がしながら表面を張らせ、15
cmの棒状にする。とじ目は指でつまむ。
残りの生地も同様に成形する。

🌡230℃ ⟲ 7〜8 分

18

230℃のオーブンで7〜8分焼く。

簡単アレンジ

どこをかじっても
チョコを感じる幸せパン。
具を加えるタイミングは同じなので、
チョコチップ以外にも応用できます。

P.81〜85 「ヴィエノワスティックパン」と
同様に作るが、手順6の段階でチョコチップ
（溶けにくいタイプ）45gを加えてまんべんな
く混ざるまでこねる。それ以外はすべて同じ。

ヴィエノワクリーム **2** 種

ミルククリーム、ピスタチオクリーム

ヴィエノワスティックパンをアレンジ

CRÈME VIENNOISE

ふんわり軽い食感のヴィエノワスティックパンに
ミルキーなクリームをサンド。
お店のあの味を、おうちで楽しめます。

YURINA

クリームは多めにできます。
余ったら
ほかのパンに塗って
食べてもおいしいです。

材料（17㎝長さ各3個分）

ヴィエノワスティックパン（P.80）
-- 6個

【ミルククリーム】
　練乳（加糖）------------------------150g
　バター（食塩不使用）---------------200g
　粉糖 ---------------------------------------50g

【ピスタチオクリーム】
　ミルククリーム ------------------- ½量
　ピスタチオペースト ------------- 20g

準 備

・ヴィエノワスティックパンが焼きたての場合は冷ます。
・バターは室温にもどす。
・絞り袋2枚にそれぞれ直径1㎝の丸口金をセットする。
・ピスタチオはこまかく刻む。

作 り 方

パンを切る

1

ヴィエノワスティックパンに深い切り込みを1本
入れる。

クリームを作る

2

ミルククリーム＋αで
味のバリエが楽しめる。
ココアやいちごパウダー、
ラムレーズンなども◎。

ボウルにミルククリームの材料を入れて泡立て
器でよく混ぜる。半量を取り分け、ピスタチオ
ペーストを混ぜ（A）、ピスタチオクリームを作
る。クリーム2種をそれぞれ絞り袋に入れる。

はさむ

3

絞り袋を使うと、よりお店風に。
片手で切れ目を開きながら絞り出す。
クリームをたっぷりはさめるのも
手作りならでは。

1のパン3個は切り込みにミルククリームを丸く絞
る。残りの3個はピスタチオクリームを絞り（B）、
好みで刻んだピスタチオをトッピングする。

プチパン

PETIT PAIN

分割数を多くして、
ころんとかわいいミニサイズにしました。
ふんわりして甘味のあるパンなので、
小さなお子さんのおやつにもおすすめです。

基本の「ヴィエノワ生地」を作る
（P.82〜83 手順1〜9を参照）

材料（直径5cm 12個分）　　　ベイカーズ
　　　　　　　　　　　　　　　パーセント

準強力粉	200g / 100
砂糖	20g / 10
塩	3g / 1.5
卵	28g / 14
ドライイースト	2.4g / 1.2
牛乳	98g / 49
バター（食塩不使用）	20g / 10

[その他]
準強力粉（打ち粉用）、卵（仕上げ用）
　　　　　　　　　　　　　　　各適量

準備
P.81「ヴィエノワスティックパン」と
同様の準備を行う。

A

最初に生地の全量を量って
12分割した1個分の重量を計算し、
スケールで均等に分割する。
重量がそろうと仕上がりがきれい。

B

クープをしっかり開かせるため、
二次発酵前に入れる。

分割・ベンチタイム

10

スケールで量りながら、生地をカードで12分割す
る（A）。打ち粉をして生地の端を中心に寄せて
軽めに丸め、ぬれ布巾をかけて室温で20分休ま
せる。

成形

11

打ち粉を振り、軽く押さえてガスを抜く。手順10と
同様に軽めに丸め、とじ目はしっかりつまむ。

12

とじ目を下にして天板に並べ、クープナイフで
1cm間隔に3本切り込みを入れる（B）。

二次発酵〜焼成

13

P.84〜85「ヴィエノワスティックパン」の手
順16〜18を参照して30℃で40〜50分発酵させる。
大きさは約1.5倍になる。表面にはけで卵を塗り、
230℃のオーブンで6〜7分焼く。

ミルクハース

MILK HEARTH

しましま模様がトレードマーク。
ふんわり食感でほんのり甘く、子どもから
大人まで親しまれているパンです。
くるみやレモンピールを入れて焼いても美味。

材料 （18cm長さ2個分）

		ベイカーズパーセント
準強力粉	200g	100
砂糖	20g	10
塩	3g	1.5
卵	28g	14
ドライイースト	2.4g	1.2
牛乳	98g	49
バター（食塩不使用）	20g	10

[その他]
準強力粉（打ち粉用）、卵（仕上げ用）
　　　　　　　　　　　　 各適量

準備
P.81「ヴィエノワスティックパン」と
同様の準備を行う。

A

手で三角形を作り、
指を軽く曲げて生地にあてて
転がすと両端が細くなり、
ラグビーボール形になる。

B

起点と終点は
同じところになるように5本
切り込みを入れる。
図を参考に中央に1本（①）、
左右対称にさらに
2本ずつ（②、③／④、⑤）入れる。

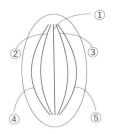

分割・ベンチタイム

10
生地の厚みを均一にし、カードで2分割する。
端を中心に寄せて軽めに丸め、室温で20分休ま
せる。

成形

11
P.16〜17「こねないバゲット」の手順13〜14を
参照して生地を中心に向けて折り、さらに半分に
折って押さえる。

12
両手で三角形を作るようにして生地にあて、台
の上を転がしながら表面を張らせて細めのラグ
ビーボール形に整え（A）、とじ目をつまむ。残り
の生地も同様に成形する。

13
とじ目を下にして天板に並べ、縦に5本切り込み
を入れる（B）。

二次発酵

14
30℃で60〜70分発酵させる。大きさは約2倍に
なる。発酵が終わる15分前にオーブンを190℃に
予熱する。

焼成

15
生地の表面にはけで卵を塗り、190℃のオーブン
で15〜16分焼く。

オーランジュブール

ORANGE BOULE

ひと口かじるとさわやかなオレンジの香りが広がります。
クリームチーズは限界までたっぷり包み、
お店パン超えのリッチ感で食べる人みんなを虜に。

基本の「ヴィエノワ生地」を作る
（P.82~83 手順1~9を参照）
＊手順6で生地にオレンジピールを混ぜ込む（A）。

材料（直径8cm 8個分）

	ベイカーズパーセント
準強力粉 ――――――	200g / 100
砂糖 ――――――	20g / 10
塩 ――――――	3g / 1.5
卵 ――――――	28g / 14
ドライイースト ――――――	2.4g / 1.2
牛乳 ――――――	98g / 49
バター（食塩不使用）――――――	20g / 10

[その他]
準強力粉（打ち粉用）、卵（仕上げ用）
―――――― 各適量
クリームチーズ ―――――― 300g
オレンジピール ―――――― 80g

準備
・バターは室温にもどす。
・牛乳は電子レンジで加熱し、30℃に調整する。
・オレンジピールはこまかく刻む。
・クリームチーズは8等分して丸め、
　使う直前まで冷蔵室に置く。
・天板にオーブンシートを敷く。

A

生地のこね上がりで
オレンジピールを混ぜる。
最初は混ざりにくいが、
手でぐちゃぐちゃと
もみ込みながらなじませる。

B

手のくぼみを利用し、
クリームチーズを押しあてながら
生地を少しずつ広げ、
端を寄せて包む。

分割・ベンチタイム
10
P.84「ヴィエノワスティックパン」の手順10〜11
を参照して生地を8分割し、端を中心に寄せて
軽めに丸め、室温で20分休ませる。

成形
11
生地を軽く押さえてガスを抜き、直径約7cmの平
らな円形にする。クリームチーズをのせて生地の
端を中央に集めて包み（B）、とじ目をしっかりつ
まむ。残りの生地も同様に包む。

二次発酵
12
とじ目を下にして天板に並べ、ぬれ布巾をかけ
て30℃で50〜60分発酵させる。大きさは約1.5
倍になる。発酵が終わる15分前にオーブンを
230℃に予熱する。

焼成
14
はさみで中央に十字に切り込みを入れる。表面
にはけで卵を塗り、230℃のオーブンで7〜8分
焼く。

YURINA

チーズが見えるよう、
はさみは深めに入れて。
1本目の中央から左右に
2本目、3本目を入れます。

パン・シュクレ

PAIN SUCRÉ

フランスのパン屋では定番のパンです。
バターがふわっと香り、サクッと歯切れのよい生地に
表面のグラニュー糖のシャリシャリ感が絶妙にマッチ。

材料（直径11cm 6個分）

		ベイカーズ パーセント
準強力粉	200g	100
砂糖	20g	10
塩	3g	1.5
卵	28g	14
ドライイースト	2.4g	1.2
牛乳	98g	49
バター（食塩不使用）	20g	10

［その他］

準強力粉（打ち粉用）、卵（仕上げ用）	各適量
バター（加塩）	36g
グラニュー糖	30g

準備
・バターは室温にもどす。
・牛乳は電子レンジで加熱し、30℃に調整する。
・バター（加塩）は2gずつに切り分け（18かけ。1個につき3かけを使う）、使う直前まで冷蔵室に置く。
・天板にオーブンシートを敷く。

A

中央を1カ所押し、
残りの5カ所はバランスを見て。
焼成時にふくらむので、
指が底につくまで押す。

B

グラニュー糖のシャリッとした
食感が特徴のパンなので、
たっぷり振る。

分割・ベンチタイム

10

P.84「ヴィエノワスティックパン」の手順10〜11を参照して生地を6分割し、端を中心に寄せて軽めに丸め、室温で20分休ませる。

成形

11

打ち粉を振り、軽く押さえてガスを抜き、麺棒で直径10cmに伸ばす。

二次発酵

12

天板に並べてぬれ布巾をかけ、30℃で50〜60分発酵させる。大きさは約1.5倍になる。発酵が終わる15分前にオーブンを230℃に予熱する。

焼成

13

表面にはけで卵を塗り、6カ所を指でくぼませる（A）。生地1つにつきバターを3かけずつのせ、グラニュー糖を均等に振る（B）。230℃のオーブンで7〜8分焼く。

クリームパン

PAIN À LA CRÈME

クリームを包む作業は
難しいイメージがありますが、コツは絞り袋を使うこと。
クリームも電子レンジで作る簡単レシピなので、
ぜひ挑戦してみてください。

材料（8個分）

		ベイカーズ パーセント
準強力粉	200g	100
砂糖	20g	10
塩	3g	1.5
卵	28g	14
ドライイースト	2.4g	1.2
牛乳	98g	49
バター（食塩不使用）	20g	10

［その他］
準強力粉（打ち粉用）、卵（仕上げ用）、
　アーモンドスライス ----- 各適量
カスタードクリーム（P.98）----- 全量

準備

・バターは室温にもどす。
・牛乳は電子レンジで加熱し、30℃に調整する。
・絞り袋に直径1cmの丸口金をセットする。
・天板にオーブンシートを敷く。

A

生地をスケールにのせて
クリームを絞り出せば、
量を均等にできるうえ、
包みやすくなって一石二鳥。

B

クリームを包む時は
生地の端につかないように注意。
クリームがつくと
生地がくっつきにくくなり、
焼く時に開く要因に。

C

とじた側（カーブ）の端を
小指で押さえて密着させながら、
半円に形を整える。

作り方　基本の「ヴィエノワ生地」を作る。
（P.82〜83 手順1〜9を参照）

カスタードクリームを作る

10

生地を一次発酵させる間にカスタードクリームを
作り（P.98参照）、冷めたら絞り袋に入れて冷
蔵室で冷やす。

分割・ベンチタイム

11

生地はカードで8分割し、端を中心に寄せて
軽めに丸め、ぬれ布巾をかけて室温で20分休ま
せる。

成形

12

台に打ち粉を振り、生地を12×10cmのだ円形に
伸ばす。生地の奥半分にカスタードクリームを30
gずつ絞る（A）。

13

クリームを覆うように生地を半分に折り、端から
少しずつつまんでとじる（B）。両手の小指で押さ
えてしっかりとめ（C）、とじ目の側にカードで1
cm深さの切り込みを3カ所入れる。

二次発酵

14

天板にのせ、30℃で50〜60分発酵させる。大き
さは約1.5倍になる。発酵が終わる15分前にオー
ブンを230℃に予熱する。

焼成

15

生地の表面にはけで卵を塗り、アーモンドスライ
スをのせる。230℃のオーブンで7〜8分焼く。

電子レンジで作る
カスタードクリーム
保存　冷蔵 1〜2日

このパンで使用
→ P.96　クリームパン
→ P.132　フルーツペストリー

材料（約290g分）
卵	1個（約60g）
砂糖	50g
薄力粉	15g
牛乳	200g

作り方

1

耐熱ボウルに卵を割りほぐし、砂糖を加えて泡立て器でよく混ぜる。薄力粉を加えてさらに混ぜ、粉っぽさがなくなったら牛乳を加えてよく混ぜる。

2

ラップをかけて電子レンジ（500W）で2分30秒加熱し、取り出して泡立て器でよく混ぜる（A）。ラップをかけて再び2分30秒加熱し（B）、取り出してなめらかになるまでよく混ぜる（C）。粗熱がとれたら冷蔵室で冷やす。

A

少しとろみはついたものの、まだゆるい状態。

B

2回目の加熱後は卵にかなり火が通った状態に。

C

少しゆるめだが、冷えるとかたくなる。

ダマンドクリーム
保存　冷蔵 4〜5日

このパンで使用
→ P.99　カフェロール
→ P.118　クロワッサン・オ・ダマンド

材料（約160g分）
バター（食塩不使用）	40g
砂糖	40g
卵	40g
アーモンドプードル	40g
薄力粉	4g
ラム酒	1g

準備
・バターは室温にもどす。

作り方

1

バターを泡立て器で白っぽくなるまで混ぜ、砂糖を加えて混ぜる。砂糖のざらつきがなくなったら、溶き卵を少しずつ加えてそのつどよく混ぜる（A）。

2

アーモンドプードルと薄力粉を加えて混ぜ、香りづけにラム酒を加える。

A

バターが分離しないよう、卵は少量ずつ加えて混ぜる。

YURINA

分離しないよう卵を少しずつ加えて混ぜるのがポイント。ダマンドクリームは必ず加熱して使います。余ったら食パンに塗って焼いてもおいしいです。

カフェロール

ROULEAUX AMANDES

120

お店でよく見かける
渦巻き形のスイーツパン。ダマンドの
焼ける甘い香りがオーブンから漂うと、
もう焼き上がりが気になってソワソワ。
→ P.100

カフェロール
→ P.99

材料
（直径7.5×高さ3cmの紙ケース6個分）

　　　　　　　　　　　　　　　ベイカーズ
　　　　　　　　　　　　　　　パーセント

準強力粉 ----------------------- 200g / 100

砂糖 --------------------------- 20g / 10

塩 ------------------------------- 3g / 1.5

卵 ------------------------------- 28g / 14

ドライイースト --------------- 2.4g / 1.2

牛乳 --------------------------- 98g / 49

バター（食塩不使用） ------------- 20g / 10

［その他］

準強力粉（打ち粉用）、卵（仕上げ用）、

　アーモンドスライス ----- 各適量

チョコチップ（溶けにくいタイプ） -- 45g

ダマンドクリーム（P.98） ------- 100g

準備
P.81「ヴィエノワスティックパン」と
同様の準備を行う。

これを使います！

アーモンドプードル

アーモンドを粉末にしたもの。
バターや砂糖、卵と混ぜてダマ
ンドクリームにすれば、アーモ
ンドの風味が豊かで焼いても
しっとり。主張しすぎない皮無
タイプがおすすめ。100g入り
／富澤商店）

作り方　基本の「ヴィエノワ生地」を作る。
（P.82〜83 手順1〜9を参照）

ダマンドクリームを作る

10

生地を一次発酵させる間にダマンドクリームを作る
（P.98 参照）。

成形

11

打ち粉を振り、生地を軽く押さえてガスを抜き、麺棒
で27×18cmの長方形に伸ばす。縦長に置いて奥3
〜4cmをあけてダマンドクリームを塗り広げ、チョコ
チップを均等にのせる（A）。

12

手前から少しずつ巻き（B）、8割ほど巻いたら奥の
端を押さえて薄くし（C）、霧吹きで霧を吹く。最後
まで巻き、巻き終わりは押さえてとめる。3cm幅に切
り分け、紙ケースに入れる。

二次発酵

13

天板に並べてぬれ布巾をかけ、30℃で50〜60分発
酵させる。紙ケースいっぱいにふくらむのが目安。発
酵が終わる15分前にオーブンを220℃に予熱する。

焼成

14

表面にはけで卵を塗り（D）、アーモンドスライスを
散らす。220℃のオーブンで9〜11分焼く。

A

巻き終わり3〜4cmは
接着部分なので、
ダマンドクリームも
チョコチップものせない。

B

幅があるため一気に巻かず、
微調整しながら巻く。
また、ゆるめに巻くのもポイント。
きついと焼成時に
生地が上に飛び出すことも。

C

端を薄くして巻き終わりを
なじみやすくする。
薄くした部分に霧を吹くのは
生地を接着する役割。

D

照り出しの卵は薄くつける。
量が多いと部分的にたまって
焼きムラの要因に。

ここではチョコチップを使いましたが、
レーズンや刻んだナッツを巻き込んでもおいしいです。
また、シナモンシュガー（グラニュー糖30g、
シナモンパウダー3gを混ぜる）を塗って焼けば、
シナモンロール風のパンに。

YURINA

冷めてから仕上げに
アイシングをかけるのも
おすすめ。

クノートパン

NŒUDS DE PAIN

結び目の形をいかし
マフィン型に入れて焼くと、
編み込んだようなフォルムになって
とてもキュート。生地には
レーズンを混ぜ込んであります。

→ P.103-104

材料 （直径6.5×高さ6㎝6個分） ベイカーズ
パーセント

準強力粉	200g / 100
砂糖	20g / 10
塩	3g / 1.5
卵	28g / 14
ドライイースト	2.4g / 1.2
牛乳	98g / 49
バター（食塩不使用）	20g / 10

[その他]
準強力粉（打ち粉用）、卵（仕上げ用）
------------------------------ 各適量
レーズン ------------------------- 80g

準備
P.8I「ヴィエノワスティックパン」と
同様の準備を行う。

クノートパン

→ P.102

作り方 基本の「ヴィエノワ生地」を作る。
（P.82~83 手順1~9を参照）

＊手順6で生地にレーズンを混ぜ込む。

マフィン型を使います！

直径6.5×高さ3.5cmのものを使用。

分割・ベンチタイム

10

P.84「ヴィエノワスティックパン」の手順10〜11を参照して生地を6分割して端を中心に寄せて軽めに丸め、室温で20分休ませる。

成形

11

P.84〜85「ヴィエノワスティックパン」の手順12〜14を参照してガス抜きし、生地を中心に向けて折り、さらに半分に折って押さえる。台の上を転がして25cmの棒状にする（A）。

12

生地をひと結びし（B）、両端を合わせて押さえてくっつける（C）。押さえた側を下にしてマフィン型に入れる。

二次発酵

13

30℃で50〜60分発酵させる（D）。発酵が終わる15分前にオーブンを220℃に予熱する。

焼成

14

表面にはけで卵を塗り、220℃のオーブンで9〜10分焼く。

A

少し伸ばしづらいが、生地は縮むことを考慮して25cmを目安に伸ばす。

B

中央でひと結びすると、結び目から出ている左右の生地の長さはだいたい同じくらいに。

C

生地の両端が結び目の裏側にくるように調整して端どうしをくっつけるときれいな形になる。

D

二次発酵後の様子。時間よりもふくらみを見て判断する。型から1〜1.5cm飛び出るくらいが目安。

YURINA

25cmまでなかなか伸びない場合は、生地を10分ほど休ませてゆるめてから再チャレンジしましょう。

食パン2種

PAIN DE MIE

食パン型がなくても作れるように、
パウンド型で焼くレシピをご紹介します。
2つの山の盛り上がり方は毎回違うので、
焼き上がりがとても楽しみなパンです。

→ P.106

さつまいも ごま食パン
→ P.105

さつまいもの甘煮を混ぜ込んだら大正解！
黒ごまも入れて風味豊かで
食感の楽しいパンに。

材料
（9×17×高さ8cmのパウンド型1個分） ベイカーズ パーセント

準強力粉	200g / 100
砂糖	20g / 10
塩	3g / 1.5
卵	28g / 14
ドライイースト	2.4g / 1.2
牛乳	98g / 49
バター（食塩不使用）	20g / 10

［その他］

準強力粉 (打ち粉用)	適量
いりごま（黒）	15g
さつまいもの甘煮（市販品）	100g

準備
・バターは室温にもどす。
・牛乳は電子レンジで加熱し、30℃に調整する。
・さつまいもの甘煮はキッチンペーパーで
　水気をふき取り、1〜1.5cm角に切る。
・天板にオーブンシートを敷く。

パウンド型を使います！
9×17×高さ8cmのものを使用。

作り方 基本の「ヴィエノワ生地」を作る。
（P.82~83 手順1~9を参照）
＊手順6で生地にごまを混ぜ込む。

分割・ベンチタイム
10
生地の厚みを均一にし、カードで2分割する。生地の端を中心に寄せて軽めに丸め、ぬれ布巾をかけて室温で20分休ませる。

成形
11
生地を手で軽く押さえてガスを抜き、麺棒で10×16cmの横長の長方形に伸ばす。奥2cmをあけ、さつまいもの甘煮の½量をのせる（A）。

12
手前から少しずつ巻き、8割ほど巻いたら奥の端を押さえて薄くし（B）、霧吹きで霧を吹く。最後まで巻き、巻き終わりは押さえてとめる。

13
両手で三角形を作るようにして生地にあて、軽く転がして表面を張らせる（C）。とじ目はしっかりつまむ（D）。残りの生地も同様に成形する。

二次発酵
14
生地をとじ目を下にして型に入れ（E）、ぬれ布巾をかけて30℃で70〜80分発酵させる（F）。発酵が終わる15分前にオーブンを180℃に予熱する。

焼成
15
180℃のオーブンで26〜28分焼く。

くるみ入り
スイート食パン
→ P.105

→ P.105

簡単アレンジ

PAIN DE MIE／NOIX

くるみを混ぜ込むだけのお手軽アレンジです。
ほんのり甘い生地に
香ばしいくるみがアクセント。

「さつまいもごま食パン」(P.106〜107)と
同様に作るが、
手順6でごまの代わりに砕いたくるみ100gを
混ぜ込む。それ以外はすべて同じ。

A

巻き終わりの2cmは
生地どうしの接着面になるため、
その部分をあけて
さつまいもの甘煮をのせる。

B

巻き終わりは
指で押さえて薄くし、
霧を吹いて生地どうしを
くっつきやすくする。

C

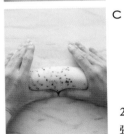

2つの生地を同程度に
張らせるようにする。

D

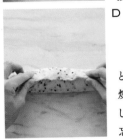

とじ目をしっかりとじないと
焼く時に開き、形が崩れて
しまうことがあるので、
忘れずに!

E

先に作業した生地を
型に入れ、手で押さえて
スペースを作って
残りの生地を入れる。

F

二次発酵終了の目安は
型から少し飛び出すくらい。
ふくらみが足りない場合は
10分ずつ時間を延ばして
様子を見る。

YURINA

レーズンやチョコチップ
(溶けにくいタイプ)、
1cm角に切った
プロセスチーズを巻き込むなど、
アレンジはご自由に。

ベイカーズパーセントの活用法

この本では、材料表にベイカーズパーセントを記載しています。ベイカーズパーセントとは、粉の量を100として、それに対しての他の材料の比率を表したもので、パンの設計図のようなもの。下記のように生地量を変えて仕込みたい、容量の違う型で焼きたい時など、分量を割り出すのに便利です。ベイカーズパーセントは、生地ごとの塩や砂糖、卵、油脂などの配合を数字で比較でき、勉強になりますよ。上級者なら「少し甘さを足したい」「塩気を控えめに」など、自分好みのパンを焼く時に参考になります。

材料 （35cm長さ2本分）		ベイカーズパーセント
準強力粉	300g	100
モルトパウダー	0.9g	0.3
ドライイースト	1.2g	0.4
水	213g	71
塩	6g	2

＊粉が2種類ある場合は2つ合わせて100とする。

たとえば、塩の量を検証してみましょう。

$$粉300×0.02＝6g$$ となり、表の通りです。

生地の量を変えたい場合

たとえば、ヴィエノワ生地を
準強力粉200gではなく、350gで作りたいなら、
下記のように計算します。

砂糖は　350×0.1＝35g
塩は　　350×0.015≒5g

＊小数第一位は四捨五入
他の材料も同様に計算すると、表（右列）のようになります。

材料 （6個分）		ベイカーズパーセント	粉350gの場合
準強力粉	200g	100	350g
砂糖	20g	10	35g
塩	3g	1.5	5g
卵	28g	14	49g
ドライイースト	24g	1.2	4g
牛乳	98g	49	172g
バター（食塩不使用）	20g	10	35g

粉350gの場合

型に合わせて生地量を調整したい場合

たとえば、パウンド型で焼く「さつまいもごま食パン」（P.106）を、1斤型で焼きたいなら、生地の型比容積とベイカーズパーセントを使って割り出します。

1斤型の容積1600ml

1 生地の総量から、型に対しての比率（型比容積）を出す

生地量は、レシピの材料（生地のみ）の総重量。
さつまいもごま食パンの生地量は371g
＊小数第一位は四捨五入

パウンド型の容積は 9×17×8＝1224ml
型比容積は 1224÷371≒3.3
＊小数第二位は四捨五入

2 1斤型の容積（1600ml）に合わせた生地量を計算する

生地量 ＝ 使う型の容積÷1の型比容積
1600÷3.3≒485g
＊小数第一位は四捨五入

お手持ちの型の容積は水を入れて重量を量れば簡単にわかりますよ。

3 必要となる粉の量を計算する

さつまいもごま食パンのベイカーズパーセントを合計すると、185.7
2で出した生地量÷ベイカーズパーセントの合計
485÷1.857≒261g
＊小数第一位は四捨五入

あとは、ベイカーズパーセントを使って各材料の分量を出すだけです。

TYPE

4

CROISSANT

基本の「クロワッサン生地」

クロワッサン

CROISSANT

基本の「クロワッサン生地」の作り方

材料（7個分）

		ベイカーズパーセント
準強力粉	250g	100
砂糖	20g	8
塩	5g	2
脱脂粉乳	6g	2.4
ドライイースト	3g	1.2
水	140g	56
バター（食塩不使用）	15g	6
バター（加塩・折り込み用）	125g	50

[その他]
準強力粉（打ち粉用）、卵（仕上げ用）
------------------------------------ 各適量

準備

・バターはどちらも室温にもどす。
・水は24℃に調整する。

しっかり層ができたクロワッサンは
ザクザクした歯ごたえで口の中でほろっと
ほどけ、バターの香りがたまりません。
バターを折り込む作業はコツがいり、
何度も休ませるなど手間はかかりますが、
その分焼き上がりの感動はひとしお。
フランス仕込みのクロワッサン、
ぜひ焼きたてをほおばってください。

基本の「クロワッサン生地」の作り方

バターを最初から加えて、
あえてグルテンを
弱めに作る POINT

折り込み用の
バターを伸ばす

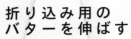

1

冷凍用保存袋（中サイズ）に折り込み用のバターを入れる。袋の上から麺棒で13cm四方に伸ばし、冷蔵室で冷やし固める。

> **ADVICE**
> 保存袋を使うと形を整えるのがラク。
> 向きを変えながら隅までしっかり伸ばして。

材料を混ぜる

2

分量の水にドライイーストを振り入れ、1分おく（混ぜなくてOK）。

3

ボウルに準強力粉、砂糖、塩、脱脂粉乳を合わせ、バター15gを小さくちぎって加える。

一次発酵 🌡室温 22~26℃ 🔄30分

6

こね上がりの目安は、生地を持って軽く引っ張ると生地がちぎれる状態。

生地の温度 🌡24℃ 前後

> **ADVICE**
> この段階では生地はモソモソした状態でOK。

休ませる前　　休ませた後

7

生地をひとまとめにしてボウルに戻し、ぬれ布巾をかけて室温で30分発酵させる。大きさは約1.5倍になる。

折り込む作業を考慮して

こねる　こねる回数は少なめ

4

2をよく混ぜて加え、粉気がなくなるまで手で混ぜる。混ざり方は均一でなくてもOK。

5

生地を台に取り出し、50回程度こねる。生地をひとまとめにして持ち上げ、台に軽くたたきつける。これを10回行う。

ADVICE
クロワッサンはサクッとした食感にしたいので、あまりこねません。バターを折り込む段階で徐々に生地をつなげていきます。

ガス抜き

冷蔵室で休ませる　冷蔵 **3** 時間

2日に分けて作業してもOK

この後バターの折り込み作業もあり、すべてを当日に行うと8時間ほどかかります。
2日に分けて作業する場合は、1日目に手順**9**までを行い、生地を冷凍室に3時間以上おき、その後冷蔵室に移して一晩（約12時間）おいてゆっくり解凍してください。2日目は次ページのバターを折り込むところから同様に進めます。

8

生地を台に取り出し、軽く押さえて中のガスを抜く。両手を生地に添えて台の上を何度か転がし、生地を張らせながら丸める。とじ目は指でつまんでとじる。

ADVICE
小指の側面を斜めに生地に沿わせ、奥から手前に台の上をすべらせて。

9

生地をラップでゆるめに包み、冷蔵室に3時間おいて休ませる。

ADVICE
冷蔵室で発酵が進みます。ふくらむことを前提にゆるめに包んで。

基本の「クロワッサン生地」の作り方(つづき)

バターを折り込む

POINT 生地とバターのやわらかさを同じにし、伸ばす時にバターを割れにくくする

10
1のバターは冷凍室から出して室温におき、軽く曲げられるかたさにする。

ADVICE
やわらかくなりすぎた場合は、冷凍室に入れてかたさを調整してください。

11
打ち粉をした台に生地をのせ、軽く押さえて平らにする。生地にも軽く打ち粉をし、麺棒でバターが包める大きさ(14×26cm)に伸ばす。

12
中央にバターをのせて生地を左右から折る。合わせ目は指でつまんでとじ、とじ目が下になるように台に置く。

ADVICE
生地をやさしく引っ張りながら、バターが完全に隠れるように包みます。上下はとじなくてOK!

三つ折り&休ませる(1回目) 冷蔵 ⏱30分

三つ折り&休ませる(2回目)

14
生地の表面についた粉をはけで払い、表面に霧吹きで霧を吹く。

ADVICE
余分な粉が残っていると焼き上がりの層に影響するので払うこと。霧を吹くと生地がしっかり密着します。

15
三つ折りにしてラップで包み、冷蔵室で30分休ませる。

POINT

時間厳守!
長く休ませると生地がゆるみ、ボリュームが出にくくなる

40cm

15cm

打ち粉をしながら
生地を伸ばしましょう。
伸びにくい時は
冷蔵室に10分ほどおいて
再チャレンジしてください。

YURINA

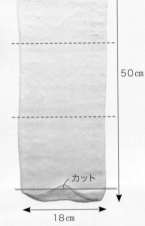

カット

50cm

カット

18cm

13

麺棒で50×18cmに伸ばす。バター
が伸びるのを感じながら、均一に力
を加えてゆっくりと伸ばす。生地の
向きを変えて横方向にも伸ばす。バ
ターが入っていない両端は1〜2.5
cmずつ切り落とす。

ADVICE
慎重に少しずつ伸ばし
て。両端を切らずに次
の三つ折りを行うと層
が断裂するため、必ず
切ること。

冷蔵 **30** 分

二つ折り＆
休ませる（3回目） 冷蔵 **30** 分

16

13と同様にバターが割れ
ないように麺棒で生地を
ゆっくり伸ばして40×15cm
にする。**14〜15**と同様に三
つ折りにし、ラップで包ん
で冷蔵室で30分休ませる。

32cm

18cm

17

麺棒で生地をゆっくり伸
ばして32×18cmにする。
二つ折りにし、ラップで包
んで冷蔵室で30分休ま
せる。

生地は
ここで完成

「クロワッサン生地」
を使うアレンジパン
は、ここまでは同じ作
り方。次の成形から
それぞれ工程が異な
ります。

「クロワッサン」の作り方（成形〜焼成）

成形   巻く時に生地がゆるまないよう
冷凍室でキンキンに冷やす

18
生地を台に取り出し、打ち粉をしながら麺棒で32×20cmに伸ばす。バットの底を上にして置き、生地をラップで包んでのせて冷凍室に30分おく。

ADVICE
折り曲げ厳禁！　平らな状態をキープしたいので、生地がのるサイズならトレイなどでも構いません。

19
生地を台に取り出して横長に置き、上下の端をそれぞれ1cm切り落とす。

ADVICE
手順19〜20で切り落とした生地は集めて冷凍しておき、P.125クロッカンやP.128クロワッサンバトンにするのがおすすめ。

POINT 巻き数は3〜3.5回がきれいな形に仕上がる

二次発酵 🌡27-30℃ ⟳90〜100分

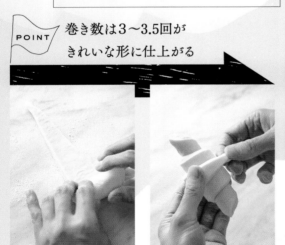

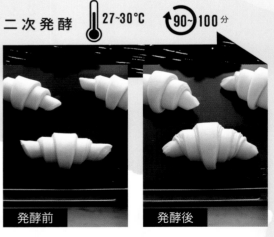

発酵前　　　発酵後

23
半分までは少しきつめに巻き、残りは自然に転がしてクロワッサンの形を作る（巻き数は3〜3.5回が目安）。巻き終わりは軽く押さえてとめる。

ADVICE
生地の断面には触らないよう注意して。手の熱でバターが溶けると層がふくらまなくなります。

24
巻き終わりを下にして天板に間隔をあけて並べ、ぬれ布巾をかけて27〜30℃で90〜100分発酵させる。大きさが約1.5倍になるのが目安。発酵が終わる15分前にオーブンを230℃に予熱する。

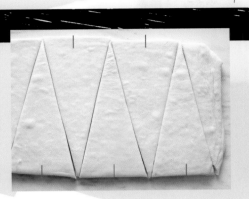

20

底辺8cm×高さ18cmの二等辺三角形7枚に
切り分け、底辺
の中央に1.5cm
長さの切り込み
を入れる。

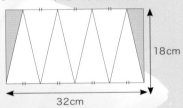

32cm / 18cm

21

片方の手で生地の底
辺を、もう片方の手で
頂点を持ち、縦方向に
引っ張って23cm長さに
伸ばす。

22

底辺を手前にして切り
込みを左右に開くよう
に折って芯を作る。

焼成

🌡 オーブンの温度 **230℃** 　↻ **13〜15分**

⚑ ! **焼き上がり!**

YURINA

25

生地の表面にはけで卵を塗り、
230℃のオーブンで14〜16分
焼く。

> **ADVICE**
> 生地を巻いた向きに平行に卵を塗ること。
> 適当に塗ると生地の断面に卵がつき、ふく
> らみが悪くなることも。

クロワッサン・オ・ダマンド

[クロワッサンをアレンジ]

CROISSANT AUX AMANDES

お店では、形が崩れたクロワッサンは
クロワッサン・オ・ダマンドに
生まれ変わらせています。
ムダなくおいしく、みんながハッピー！

→ P.120

パン・オ・ショコラ

PAIN AU CHOCOLAT

焼きたてはサクサクの生地にチョコがとろけて、
たまらないおいしさ！
実はクロワッサンよりも成形のハードルは
低いので、恐れずチャレンジしてみて。

→ P.121

クロワッサン・オ・ダマンド

→ P.118

材料（7個分）

クロワッサン（P.110） ------------ 7個

【シロップ】

　グラニュー糖 ---------------------100g

　水 ----------------------------------140g

ダマンドクリーム（P.98）------ 約320g

アーモンドスライス --------------- 適量

準備

・クロワッサンは焼きたての場合は冷ます。

・絞り袋に直径1cmの丸口金をセットする。

A

シロップはボウルに入れ、
クロワッサン全体を沈めて
しみ込ませる。

B

絞り袋を使うと
切り込みに絞りやすい。
焼き上がりを意識し、上面は
左右に振りながらきれいに絞る。

作り方

シロップと
ダマンドクリームを作る

1

シロップの材料を鍋に合わせて煮立たせ、グラニュー糖が溶けたら火を止めて冷ます。

2

ダマンドクリームを作り（P.98参照／倍量作る）、絞り袋に入れる。オーブンは190℃に予熱する。

ダマンドクリームを絞って焼く

3

クロワッサンの厚みに深い切り込みを入れてシロップに浸し（A）、天板にのせる。切り込みと上面にダマンドクリームを絞り（B）、アーモンドスライスを散らす。190℃のオーブンで上部のダマンドクリームがこんがりするまで14〜16分焼く。冷めたら好みで粉糖を振る。

パン・オ・ショコラ

→ P.119

作り方 基本の「クロワッサン生地」を作る。
（P.112～115 手順1～17を参照）

材料 （8個分）

		ベイカーズパーセント
準強力粉	250g	100
砂糖	20g	8
塩	5g	2
脱脂粉乳	6g	2.4
ドライイースト	3g	1.2
水	140g	56
バター（食塩不使用）	15g	6
バター（加塩・折り込み用）	125g	50

[その他]
準強力粉（打ち粉用）、卵（仕上げ用）
　　　　　　　　　　　　　　　　各適量
バトンショコラ ----------------- 16本

準備

P.111「クロワッサン」と同様の準備を行う。

これを使います！

焼いても溶けにくいように
加工された焼き込み用の
チョコレート。写真はヴァ
ローナ バトンショコラ
(64g入り／富澤商店)。

A

バトンショコラを巻く時は
手の熱で生地のバターが
溶けないよう、触る部分は
なるべく少なくする。

B

チョコレートが
1カ所に偏らないよう、
1本目を置いてひと巻きした後、
2本目を置いて巻く。

C

2本を巻き終わった状態。
このままだと焼く時にふくらみ
左右に倒れるので、
上から押さえて安定させる。

成形

18

生地を台に取り出し、打ち粉をしながら麺棒で34×22cmに伸ばす。バットの底を上にして生地をのせ、冷凍室で20分冷やす。

19

上下左右を1cmずつ切り落とし、8×10cmの長方形8枚に切り分ける。手前を1cmあけてバトンショコラを1本のせ（A）、ひと巻きする。もう1本をのせて（B）最後まで巻き（C）、上から軽く押さえる。

20

天板に並べ、クープナイフで上部に斜めに4本切り込みを入れる。深さは3mmが目安。

二次発酵

21

ぬれ布巾をかけて27～30℃で70～90分発酵させる。大きさは約1.5倍になる。発酵が終わる15分前にオーブンを230℃に予熱する。

焼成

22

生地の表面にはけで卵を塗り、230℃のオーブンで14～16分焼く。

YURINA

発酵後は切り込みを
入れにくいので、
二次発酵前の段階で
切り込みを入れます。

エスカルゴ

ESCARGOT

レーズンが入っていることが
一般的なエスカルゴを
甘納豆入りにアレンジ。
ほかにもチョコとオレンジピール、
シナモンシュガーとくるみの
組み合わせもおすすめです。

材料

（直径7.5×高さ3cmの紙ケース6個分）　ベイカーズパーセント

準強力粉	250g / 100
砂糖	20g / 8
塩	5g / 2
脱脂粉乳	6g / 2.4
ドライイースト	3g / 1.2
水	140g / 56
バター（食塩不使用）	15g / 6
バター（加塩・折り込み用）	125g / 50

［その他］

準強力粉（打ち粉用）、卵（仕上げ用）

　　　　　　　　　　　　　　　各適量

甘納豆（小豆）　　　　　　　　200g

準備

P.111「クロワッサン」と同様の準備を行う。

A

巻き終わり3cmは
生地どうしの接着部分なので、
甘納豆をのせない。

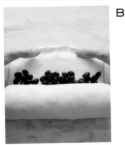

B

端を薄くして巻き終わりを
なじみやすくする。
さらに霧を吹くと
生地どうしがくっつきやすい。

C

カードだと形が崩れて
しまうことがあるため、
包丁やナイフで切り分ける。
きれいな断面を上にして
紙ケースに入れる。

成形

18

生地を台に取り出し、打ち粉をしながら麺棒で30×18cmに伸ばす。縦長になるように置き、奥3cmをあけて甘納豆を均等にのせる。

19

手前から奥に向かって少しずつ巻き（A）、8割ほど巻いたところで奥の端を指で押さえて薄くし（B）、薄くした部分に霧吹きで霧を吹く。最後まで巻いて端を軽く押さえてとめる。3cm幅に切り分け、紙ケースに入れる（C）。

二次発酵

20

天板に並べてぬれ布巾をかけ、27〜30℃で70〜90分発酵させる。紙ケースいっぱいにふくらむのが目安。発酵が終わる15分前にオーブンを230℃に予熱する。

焼成

21

表面にはけで卵を塗り、230℃のオーブンで13〜15分焼く。

YURINA

二次発酵と焼く時に
ふくらむので、
きつめに巻く必要はなし。
焼く途中で開いてこないよう、
巻き終わりは軽く押さえて
とめましょう。

ヴィエノワズリー2種

VIENNOISERIE

バターをたっぷり折り込んだリッチな生地は
ヴィエノワズリー（菓子パン）向き。
この2品は成形が簡単で見栄えがします。
まさにパリのブーランジェリーの雰囲気！

パルミエ

クロワッサン生地を折りたたんで端からカット。
焼くとかわいいハート形になります。
ピンクのチョコでおめかしすれば、バレンタイン仕様に。
→ P.126

クロッカン

余ったクロワッサン生地で作る

作り方はとても簡単！　生地とナッツに
砂糖をまぶして焼いてキャラメリゼ。
カリカリ食感とほろ苦さが
あとを引くおいしさです。

→ P.127

クロワッサン・オ・ダマンド
→ P.118

パルミエ
→ P.124

作り方 基本の「クロワッサン生地」を作る。
（P.112〜115 手順 **1** 〜 **17** を参照）

材料 （約60個分）

		ベイカーズパーセント
準強力粉	250g	100
砂糖	20g	8
塩	5g	2
脱脂粉乳	6g	2.4
ドライイースト	3g	1.2
水	140g	56
バター（食塩不使用）	15g	6
バター（加塩・折り込み用）	125g	50

［その他］
準強力粉（打ち粉用）、
　卵（接着・仕上げ用） -------- 各適量
グラニュー糖 ---------------------- 60g
コーティング用チョコレート
　（ストロベリー） ------------------ 100g

準備
P.111「クロワッサン」と同様の準備を行う。

A

卵は生地どうしを接着する役割。
生地を折る時にあけた
中央の1cmは塗らない。

B

焼く時にふくらみ、ハート形になる。
生地がゆるんでいる場合は
冷凍室で5〜10分
冷やし固めてから切る。

YURINA

基本のクロワッサン生地を作り、
1/2量をパルミエに（約30個できる）、
残りの1/2量（約250g）で
クロッカンを作っても。

成形

18
生地を台に取り出し、打ち粉をしながら麺棒で
30×22cmに伸ばし、長い辺を半分に切る。

19
縦長に置き（22×15cm）、グラニュー糖を均一に
振る。中央を1cmあけて上下から生地を内側に折
り、折った上面にはけで卵を塗り（A）、さらに半
分に折る。残りも同様にする（先に作業した生地
は冷凍室に置く／後日焼いてもOK）。

20
5mm幅に切り分け（B）、天板に間隔をあけて並
べる。

二次発酵

21
ぬれ布巾をかけて27〜30℃で40分発酵させる。
大きさは約1.2倍になる。発酵が終わる15分前に
オーブンを230℃に予熱する。

焼成

22
生地の表面にはけで卵を塗り、230℃のオーブン
で13〜15分焼く。取り出して網にのせて冷ます。
天板を冷まし、残りの生地を手順 **20** 〜 **21** と同様
に切り分けて（かたい場合は室温に10分ほどお
く）二次発酵させ（時間は60分）、同様に焼く。

23
チョコレートは刻んで湯せんにかけて溶かし、好
みの個数のパルミエを浸してクッキングシートの
上に並べ、固まるまでおく。

＊手順 **19** で冷凍保存した生地を後日焼く場合は、
　10分ほど室温においてから切り分け、
　手順 **21** 〜 **22** と同様に二次発酵させて（時間は60分）焼く。

クロッカン

→ P.125

YURINA

クロワッサンを作る時に
切り落とした生地を集めて冷凍し、
量がたまったら、ぜひ作ってみてください。

材料
（直径7.5×高さ3cmの紙ケース4個分）

基本の「クロワッサン生地」（*）
———————————————— 約250g
バター（食塩不使用・型用）————— 20g
グラニュー糖 —————————————— 50g
アーモンド —————————————— 40g

*P.116〜117クロワッサン手順19〜20で
切り落とした生地を使う。

準備
・バターは室温にもどす。

A

紙ケースにバターを塗り、
グラニュー糖を振ることで、
ケースに触れる生地の底が
しっかりとキャラメリゼされ、
カリッとする。

B

具に混ぜるグラニュー糖は
生地とアーモンドを
キャラメリゼするためなので、
まんべんなくまぶす。

C

生地を少し押さえながら
紙ケースに入れると、
生地のすき間が減り、
底がきれいに焼き上がる。

作り方

型の準備

1

紙ケースにバターを塗り、グラニュー糖30gを均
等に振る（A）。

生地にグラニュー糖をまぶす

2

台の上で生地を1cm四方に切り、アーモンドとグ
ラニュー糖20gを加え、手を使ってよく混ぜてま
ぶす（B）。

二次発酵

3

1の紙ケースに2を等分に入れ（C）、ぬれ布巾
をかけて27〜30℃で40分発酵させる。紙ケース
いっぱいにふくらむのが目安。発酵が終わる15
分前にオーブンを230℃に予熱する。

焼成

4

230℃のオーブンで14〜16分焼く。取り出して紙
ケースから出し、底を上にして網にのせて冷ます。

クロワッサンバトン3種

チーズペッパー、カレーコンソメ、シナモンシュガー

BÂTON CROISSANT

チーズペッパー

カレーコンソメ

シナモンシュガー

クロワッサン生地を
ねじって焼くとパイ風に。
スパイシーな調味料をまぶせば
おつまみに、シナモンシュガーや
きな粉ならおやつにと
アレンジ自在です。

材料 （10cm長さ各14本分）　ベイカーズパーセント

材料	分量 / ベイカーズパーセント
準強力粉	250g / 100
砂糖	20g / 8
塩	5g / 2
脱脂粉乳	6g / 2.4
ドライイースト	3g / 1.2
水	140g / 56
バター（食塩不使用）	15g / 6
バター（加塩・折り込み用）	125g / 50

[その他]

準強力粉（打ち粉用） ------- 適量

【チーズペッパー】
　粉チーズ ------- 20g
　粗びき黒こしょう ------- 適量

【カレーコンソメ】
　カレー粉 ------- 10g
　コンソメ（粉末） ------- 20g

【シナモンシュガー】
　シナモンパウダー ------- 5g
　グラニュー糖 ------- 20g

準備
P.111「クロワッサン」と同様の準備を行う。

これを使います！

オニオンスープの素（コンソメ・150g入り／富澤商店）は粉末状でからめやすい。顆粒の商品を使う時は、すり鉢などでこまかくして使うとよい。

A

焼く時に開くと形が崩れ短くなってしまうので、成形の段階でしっかり押さえて開きにくくする。

B

味つけは焼き上がってからまぶすだけ。
袋を使えば洗い物なし。
必ず冷めてからまぶすこと。

成形

18

生地を台に取り出し、打ち粉をしながら麺棒で32×20cmに伸ばす。横長になるように置いて短い辺を2等分し、端から1.5cm幅に切り分ける。

19

台の上で両端を持ってねじり、両端を指で押さえる（A）。残りも同様に成形する。

二次発酵

20

天板に並べ、ぬれ布巾をかけて27~30℃で30~40分発酵させる。大きさは約1.2倍になる。発酵が終わる15分前にオーブンを230℃に予熱する。

焼成

21

230℃のオーブンで15~17分焼く。取り出して網にのせて冷ます。

22

ポリ袋3枚に、それぞれチーズペッパー、カレーコンソメ、シナモンシュガーの材料を入れて混ぜる。**21**を数本ずつ入れて袋の口を閉じ、袋ごと振ってまぶす（B）。

クイニーアマン

KOUIGN AMANN

ブルターニュ地方の伝統的なお菓子で、
表面をキャラメリゼして
外はカリッ&中はサクサク。
型と生地に振るグラニュー糖はたっぷり!
が成功の秘訣です。

材料（8個分）

		ベイカーズパーセント
準強力粉	250g	100
砂糖	20g	8
塩	5g	2
脱脂粉乳	6g	2.4
ドライイースト	3g	1.2
水	140g	56
バター（食塩不使用）	15g	6
バター（加塩・折り込み用）	125g	50

[その他]

準強力粉（打ち粉用）	適量
バター（食塩不使用・型用）	40g
グラニュー糖	60g

準備

P.111「クロワッサン」と同様の準備を行う。

マフィン型と紙ケースを使います！

マフィン型は直径6.5×高さ3.5cm、
紙ケースは直径7.5×高さ3cmのものを使用。

A

生地の四隅を
中央に折るだけでは
焼く時に浮き上がってくるため、
中央をしっかりと押さえる。

B

上部もキャラメリゼしたいので、
生地の上にもグラニュー糖を振る。
型に入らない生地は
紙ケースに入れて同様に（型に入れて
焼くほうがしっかりキャラメリゼできる）。

C

焼き上がった状態。
すぐに取り出すとキャラメルが落ち、
長くおくと固まって取り出しにくいので、
5分おいてから取り出す。

成形

18

マフィン型と紙ケース2枚の内側にバターを塗り、
グラニュー糖40gをまんべんなく振る。

19

生地を台に取り出し、打ち粉をしながら麺棒で
18×34cmに伸ばす。上下左右を1cmずつ切り落と
し、8cm四方の正方形8枚に切り分ける。

20

生地の四隅を中心に向けて折り、指でぐっと押
さえてとめる（A）。とめた側を上にして6個をマ
フィン型に入れ、残りの生地は紙ケースに入れる。
生地の上からグラニュー糖20gを振る（B）。

二次発酵

21

ぬれ布巾をかけ、27~30℃で70~90分発酵さ
せる。大きさは約1.2倍になる。発酵が終わる15
分前に、オーブンを230℃に予熱する。

焼成

22

天板に型と紙ケースをのせ、230℃のオーブンに
入れて16~18分焼く。オーブンから出して5分ほ
どおき（C）、型から取り出し、底を上にして網に
のせて冷ます。

> **ADVICE**
> 焼きたてはペチャッとしていますが、
> 冷めると表面がカリッとします。

フルーツペストリー2種

いちじく、シャインマスカット

PÂTISSERIE AUX FRUITS

お店でも
クロワッサン生地をベースに
ペストリーを作ります。
クリームやフルーツをふんだんにトッピングできるのは、
手作りパンならではのお楽しみ。

作り方 基本の「クロワッサン生地」を作る。
（P.112〜115 手順 **1**〜**17** を参照）

材料
（直径7.5×高さ3cmの紙ケース各8個分）　ベイカーズパーセント

準強力粉	250g	100
砂糖	20g	8
塩	5g	2
脱脂粉乳	6g	2.4
ドライイースト	3g	1.2
水	140g	56
バター（食塩不使用）	15g	6
バター（加塩・折り込み用）	125g	50

[その他]
準強力粉（打ち粉用）、卵（仕上げ用）、
　　　　　　　　　　　　　　　　各適量
カスタードクリーム（P.98）---- 全量
好みの果物（いちじく、シャインマスカットなど）、
　粉糖（仕上げ用）------------ 各適量

準備
・バターはどちらも室温にもどす。
・水は24℃に調整する。
・絞り袋に直径1cmの丸口金をセットする。

A

クリームから水分が出るので、
絞るのは焼く直前に。
生地の中央に絞る。

B

粗熱をとらずに絞ると
クリームがだれてしまうので、
必ず冷めてから作業する。

成形

18

P.131「クイニーアマン」の手順**19**〜**20**を参照して生地を伸ばし（18×34cm）、8cm四方の正方形に切り分ける。四隅を折って中央を押さえてとめ、とめた側を上にして紙ケースに入れる（グラニュー糖は振らない）。

二次発酵

19

ぬれ布巾をかけて27〜30℃で70〜90分発酵させる。大きさは約1.2倍になる。発酵が終わる15分前に、オーブンを230℃に予熱する。

カスタードクリームを作る

20

二次発酵の間にカスタードクリームを作り（P.98参照）、冷めたら絞り袋に入れて冷蔵室で冷やす。

焼成

21

生地の中央にカスタードクリームを15gずつ絞り（A）、天板にのせる。生地の表面にはけで卵を塗り、230℃のオーブンで14〜16分焼く。

22

オーブンから取り出して網にのせて冷まし、粗熱がとれたらカスタードクリームを15gずつ絞り（B）、食べやすく切ったいちじくやシャインマスカットをのせる。茶こしで粉糖を振り、好みでミントを飾る。

YURINA

フルーツは季節に合わせて、
いちごやブルーベリー、
オレンジなど自由に
アレンジしてください。

パンを素敵にプレゼント

パンが上手に焼けたら、おすそわけしたくなるもの。
フランス人のセンスを見習って、シンプルだけど、
さりげなくおしゃれ感が漂う…そんなラッピングを考えてみました。

果物を買った時の箱に
ストライプのワックスペーパーを敷き、
ころんと丸いハードパンを入れる。
透明フィルムをかけて
中身が見えるラッピングに。

フルーツの箱を利用

**ワックスペーパーの
重ね使い**

バゲットは2本まとめて
無地のワックスペーパーでくるむ。
外側に絵柄つきのワックスペーパーを巻き、
濃い色のひもを巻いてアクセントに。

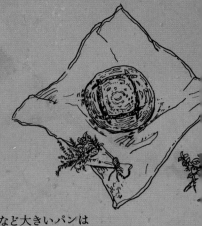

カンパーニュなど大きいパンは
シンプルなクロスで包み、
ベランダ菜園のハーブを
ミニブーケにして添えれば、
パリジェンヌの手土産っぽいこなれ感に。

クロスでお弁当包み

ドリンクカップに
イン！

棒状のクロワッサンバトンは
プラスチックのドリンクカップがぴったり。
ドット模様のワックスペーパーのすき間から
ちら見えするようラフに包んで入れる。
リボンの色も合わせて。

パンの材料

パン作りに最低限必要になるのは、下記の4つの材料。

さらに卵や油脂など副材料をプラスすると、

リッチな味わい、ふんわりやわらかな食感などバリエーションが広がります。

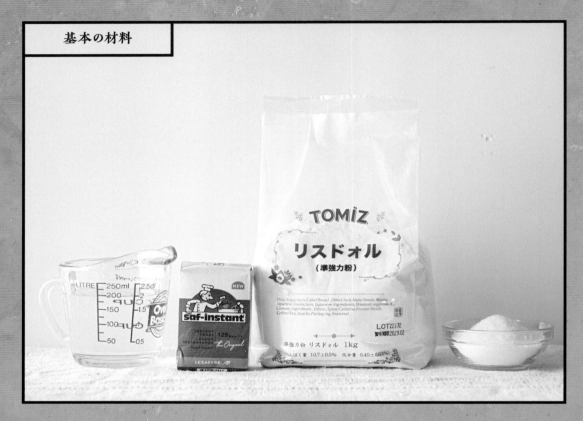

基本の材料

小麦粉

パン作りに使うのは、主に強力粉。強力粉に水を加えてこねることでグルテンができ、その網目がイーストの生み出すガスを抱え込み、焼成時にふくらむ。本書では、準強力粉（リスドォル★）を使用。強力粉と中力粉の中間の性質をもち、生地の伸びがよく、外はパリッ、中はもっちりとした食感を生み出す。

小麦を丸ごと挽いて粉にした全粒粉（★）を準強力粉と合わせて使うレシピも（P.49「基本のこねないカンパーニュ生地」）。

インスタントドライイースト

予備発酵の必要がない顆粒状に加工したイースト。本書では、サフ（赤）インスタントドライイースト（★）を使用。使うのは少量のため、0.1g単位まで量れるスケールで正しく計量する。開封後はしっかり口を閉じて冷蔵室で保存を。

塩

味つけのほか、生地を引き締める作用がある。本書では、塩けがまろやかでミネラルが多い「粗塩」を使う。入れすぎるとイーストの発酵を妨げるので計量は正確にする。

水

グルテンを形成するうえで水分は欠かせない。イーストが活発に働く温度は30〜35℃。生地によって仕込み水の温度は異なるので、必ずレシピを確認すること。水を、トマトジュースや赤ワインなどに替えてアレンジするレシピも。

副材料

砂糖

生地に甘味をつけるほか、イーストの栄養になって発酵を助ける。砂糖には保水性がありパンにやわらかさが出て、日持ちもよくなる。

バター

風味が増すほか、生地の伸びがよくなり、ふっくら焼き上がる。加塩と食塩不使用の2種類があり、3章の生地では主に食塩不使用を、4章の生地では両方を使う。

卵

風味とコクが加わる。卵黄に含まれるレシチンには乳化作用があり、生地がしっとりなめらかに。つや出しのために生地の表面に塗ることも。

牛乳

仕込み水の代わり（または一部）に使うと生地がきめこまかくなり、ミルクの風味が加わる。また、乳糖の作用で焼き色がつきやすくなる。

1・2章で登場！
モルトパウダー（★）

発芽させた大麦（モルト）を乾燥させて精製したもの。砂糖と同様にイーストの栄養になり発酵を助けるほか、焼成時にこんがりと焼き色がつく。

4章で登場！
脱脂粉乳（スキムミルク★）

牛乳の代わりに加えることも。牛乳より脂肪分が少なく、グルテンの生成や発酵に影響が出にくいのが利点。乳糖が多く、焼き色もきれいにつく。

その他の材料

ナッツ、ドライフルーツ

ナッツはローストタイプのものがおすすめ。生の場合はローストして冷ましてから生地に混ぜ込む。ドライフルーツは大きいものは食べやすく切り、生地に加える。

粉糖、グラニュー糖

グラニュー糖は生地の表面に振ってシャリッとした食感を出したり、型の底や生地に振ってバターと一緒にキャラメリゼしたり。粉糖は仕上げに振ることが多いので、水分をあまり吸収せず溶けにくいタイプの商品がおすすめ。

★は富澤商店の商品。
店舗やオンラインショップで購入可能　https://tomiz.com/

パンの道具

特別に必要となるのはカードと温度計くらいです。
パン作りは家にある道具で気軽に楽しめるのがいいところ。
P.139の道具は、必要に応じてそろえましょう。

必ずそろえたいもの

ボウル
材料を混ぜるのに使う。直径21〜24cmが使いやすい。材質は耐熱ガラス、ステンレスどちらでもよい。

密閉容器
1章、2章の生地作りで使用。生地を混ぜたり折りたたんだりした後、冷蔵室で12時間おくため、ふたつきのものを。容量は3ℓが目安。本書では17×23×深さ9cmのものを使用。

カード
材料を混ぜたり、ボウルから生地を出したり、台についた生地を集めたりするほか、生地を分割する時にも使う。

クープナイフ
生地に切り込み（クープ）を入れる時に使う。ナイフやカッターで代用してもOK。できるだけ刃が薄いものがベター。

電子スケール
塩やイーストなど少量を計量する必要があるため、0.1g単位で最大2kgまで量れるデジタル式を用意したい。

温度計
仕込み水の温度や生地の温度を測るのに使用。デジタル式がおすすめ。

ラップ
パン生地は乾燥が大敵。ベンチタイムや発酵時はぬれ布巾をかける（ラップでもよい）。生地を冷蔵室で保管する時はラップで包むか密閉容器を使う。

あると便利なもの

麺棒
生地を伸ばす時に使う。小さいサイズもあるが、1本用意するなら大きいサイズで35cm程度のものが使いやすい。

パンマット
水分の多い生地はくっつきやすく、形が崩れやすい。発酵時はキャンバス布のパンマットにのせ、立ち上がりをつけて形をキープ。

はさみ
材料を切るほか、クープナイフの代わりに生地に切り込みを入れるのにも使う。刃先が薄いものが使いやすい。

オーブンシート
フッ素樹脂加工が施され、オーブンの天板に敷いて生地のくっつきを防ぐ。洗って繰り返し使えるタイプ。使い切りのクッキングシートで代用しても。

茶こし
生地の表面に粉を振ったり、仕上げに粉糖を振ったりするのに使う。なるべく目のこまかいものを。

はけ
生地につや出し用の卵液を塗る時などに使う。シリコン製より豚やヤギなど天然毛が液だれしにくく使いやすい。

霧吹き
ハード系のパンを焼く時にオーブンの庫内にこまかい霧を吹くと、表面がパリッと焼き上がる。

絞り袋＆口金
クリームを絞り出すのに使用する。使い切りタイプの絞り袋が衛生的にもおすすめ。口金は直径1cmの丸口金が使いやすい。

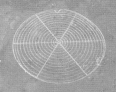

ケーキクーラー
パンを冷ます時に使う。下に空間があるのでパンの裏側に熱がこもらず、均一に冷ますことができる。

パン作り Q&A

パン作りを始めると、疑問やお悩みがいろいろ出てくるもの。
安心して作業が進められるよう、一つ一つ丁寧に解説します。

Q. こねている時に生地がベタつきます

YURINA'S A

国産の小麦粉の場合は、外国産の小麦粉に比べて吸水率が低い傾向があります。本書では外国産の小麦粉（準強力粉／リスドォル）を使用しているので、もし国産の小麦粉を使う場合は生地の状態がベタつくかも。国産の場合は仕込み水を10％減らして作ってみてください。また、外国産の小麦粉でも種類が異なると吸水率も変わるため、生地の状態を見て調整が必要になります。

Q. 生地を麺棒で伸ばす際に
指定のサイズまで伸びません

YURINA'S A

伸びない時に無理に伸ばそうとすると生地を傷めてしまいます。生地が傷むとグルテンの網目が整わず、発酵や焼成時にガスが逃げやすくなります。伸びにくい時は10分ほど休ませてから再トライしてみましょう。シンプルな生地ほど弾力があって伸びづらく、逆に油脂が入るタイプの生地は伸びやすいなど、配合によっても違いがあります。

Q. 打ち粉は何を使うとよいですか？

YURINA'S A

準強力粉、または強力粉を使いましょう。小麦粉はたんぱく質の含有量によって、強力粉、準強力粉、中力粉、薄力粉に分類され、もっとも粒子が小さいのが薄力粉。粒子が小さいと水分を吸収してダマになりやすくなるというデメリットがあります。また、打ち粉は最小限に。生地が手にくっつかない程度が目安です。打ち粉が多いと生地がかたくなったり、仕上がりが粉っぽくなったりします。

Q. 仕込み水の一部を
牛乳に替えて作っても大丈夫？

YURINA'S A

本書では仕込み水を黒ウーロン茶や赤ワインなどに置き換えるアレンジレシピもご紹介していますが、牛乳は同じ分量で置き換えるのはおすすめできません。牛乳には脂肪分があり、牛乳の分量＝水分量ではありません。単純に置き換えるとこね上がりの生地の状態や焼成時のふくらみに影響します。牛乳の水分は約90％なので、中〜上級者で水分量の計算ができる方はチャレンジしても。

Q. 「過発酵」が心配です。
見極めのポイントは?

1〜2章の生地は冷蔵室で一次発酵を行うため、過発酵の心配はありません。注意したいのは、一次発酵を30℃で行う3章のヴィエノワ生地。温度を守ったうえで、フィンガーテスト（P.83）で判断を。過発酵になるとガスが外に出ようとして生地の表面がボコボコした状態になり、全体に張りがなくゆるんだ感じに。また、3章や4章のパンは二次発酵が30℃と高めの温度（4章は27〜30℃）におくため、予定時間よりも気持ち早めに様子を見ると安心です。

Q. 焼いたらあまりふくらみませんでした。
原因として考えられることは?

原因は1つとは限りません。発酵が進みすぎるとグルテンの網目がガスを抱えきれなくなり、焼成時にガスが抜けるケースがあります。また、オーブンに入れて最初の5分ほどで生地はぐんと伸びますが（窯伸び）、温度が不十分だと失速。予熱が終わってから時間をおいてしまうと温度が下がるので、なるべく予熱終了直後に天板を入れられるよう段取りよく進めることも大事です。

Q. 指定の温度で焼くと、
底が焦げてしまいます

オーブンは機種によってくせもあるので、何度か焼いてみて同じ状態になるようなら、調整が必要です。底が焦げるのは下火が強いので、天板を2枚重ねにするのも一つの手。温度を下げる方法もありますが、最初はしっかり窯伸びさせたいので、途中で10℃下げるなど試してみてください。上部が焦げる場合は、ちょうどよい焼き色がついたらアルミホイルをかぶせて火のあたりを和らげて。

Q. 焼く前の生地は冷凍できますか?

焼く前の成形した状態で冷凍した生地が市販されていますが、それは一般家庭の冷凍とは異なる技術で作られているものです。本書でご紹介する生地は焼く前の状態での冷凍はおすすめできません（P.110「クロワッサン」で切り落とした生地は例外で、集めて冷凍してもOK）。冷凍したい場合は、焼いた後の状態なら大丈夫（P.69「パンの保存方法とおいしい食べ方」参照）。

お気に入りのパンは見つかりましたでしょうか？

パン作りは一筋縄ではいきません。
思うようにいかないこともあれば、思いがけずうまくいくこともある。
私は、そこに奥深さを感じ、パン作りの面白さがあると思っています。

今回の本の撮影では、「映えるように綺麗に焼き上げるぞ」と念入りに準備をして臨みましたが、
思ったより綺麗に焼き上がらないときがありました。しかし、デザイナーさんに「いびつなパンも
表情があって可愛いね」と言っていただき、大事なことを再認識させられました。

「見た目が良くないから失敗」

そうではないのです。いろんなパンがあっていい。
楽しみながら作れたらそれはもう大成功です。

ぜひ、みなさんもご自身で作ったパンで自分自身や周りの人を幸せにしてあげてください。
毎日にほんの少しの幸せが届きますように。

大好きな言葉を贈ります。
"Ce n'est pas la fin du monde"
小さな事で落ち込まなくていい。

幸せパン職人
大野有里奈

大野有里奈（おおの・ゆりな）
調理師専門学校卒業後、株式会社ドンクに入社、仕込みから焼成までパン作りの基本を学ぶ。その後、単身パリに渡り、バゲットコンクール入賞店「ル・グルニエ・ア・パン」で勤務し、ハード系パンの基本とフランスの食文化を学ぶ。帰国後はパンの業界誌に携わり、年間50軒以上のパン屋を取材し、執筆を行う。2021年6月からYouTubeとInstagramを開設し、「自宅でできるパン作り」を発信している。著書に『おうちで旅気分♪おいしい世界のパン手帖』がある。

YouTube　幸せパン職人のパンレシピ
Instagram　@yurina.oono

撮影協力
東芝ライフスタイル株式会社
株式会社富澤商店

フランス仕込みのパン

2023年3月2日　初版発行
2024年6月15日　5版発行

著者／大野有里奈
発行者／山下 直久

発行／株式会社KADOKAWA
〒102-8177　東京都千代田区富士見2-13-3
電話 0570-002-301（ナビダイヤル）

印刷所／TOPPAN株式会社